T0002444

Al compartir su viaje místico, Hedin Daubenspeck nos ha regalado una introducción excepcional de las creencias, filosofías y prácticas hacia la iluminación. Si buscas más conocimiento con el que adentrarte en la espiritualidad, *Paseo en poni hacia un despertar* es un testimonio repleto de información acerca de las prácticas espirituales antiguas y modernas, y también una lectura sencilla, con independencia de dónde te encuentres en tu camino espiritual. Yo se lo recomendaría tanto a los que comienzan la andadura como a los que están listos para dar el siguiente paso.

—Reverendo CULLIVER BROOKMAN

(Unity World Ministries)

"¿Qué es el hombre para que te acuerdes de él?", escribió una vez un salmista, y así capturó la que seguramente es la pregunta más reiterada y trascendental de toda la humanidad. ¿Quién eres realmente? ¿Qué potencial tiene el ser humano y cuál es su esencia? Algunos jamás llegan a hacerse estas preguntas; sin embargo, para otros éstas son las preguntas que les rondan a las tres de la mañana. *Paseo en poni hacia un despertar* es una crónica de la búsqueda de una respuesta. Si bien la Masonería no es la única institución que alienta a sus prójimos a la auto indagación, sí que es una de las pocas que ve esa indagación, más que como un dogma, como una búsqueda en sí misma. Podemos catalogarlo de esotérico, de metafísico y de muchas otras cosas, pero, a decir verdad, la mayoría compartimos esa búsqueda del ser espiritual. Ha sido así al menos desde la era paleolítica.

A lo largo de estas páginas se nos presenta, pues, el viaje de un héroe que vive dentro del hombre, aquel decidido a lanzarse al azar, a la búsqueda, a la iluminación y al retorno; y es ese volver a lo que hemos descubierto a través de nuestros prójimos lo que viene a relatar este libro. Por supuesto que el viaje de cada persona es único, pero no es menos cierto que compartimos lo fundamental de este viaje. El autor ha estudiado, ha aprendido y sigue aprendiendo lo que los eruditos han estado enseñándonos para ahora poner su conocimiento a disposición del lector.

Pero el conocimiento y la sabiduría son dos cosas distintas, ya que el nuevo conocimiento a menudo reemplaza al viejo. Aunque hoy en día se enseña poco de la ciencia aristotélica (a excepción de la historia de las ideas), su sabiduría y filosofía son tan valiosas como antaño; igualmente, los escritos de quienes entonces indagaron en la espiritualidad del ser humano son tan importantes hoy como lo fueron para sus contemporáneos. El autor nos da, por tanto, las pautas para comprender el discurso actual, un regalo valioso en una era en la que la sensación de despertar con la intuición de haber perdido algo reina en nuestro interior.

—JIM TRESNER, gran orador
(The Grand Lodge of Oklahoma)

Hedin Daubenspeck nos da a conocer un método mediante el cual nuestra sabiduría espiritual perpetúa o el «hilo de oro» cobra vida en los momentos más complicados del siglo XXI, tanto a nivel personal como a nivel global.

—Reverendo RICHARD BELOUS, gran pastor
(Unity Center of Tulsa)

PASEO EN PONI HACIA UN DESPERTAR

EL VIAJE DE UN MÍSTICO

HEDIN E. DAUBENSPECK

Traducción por Editores Volcán

BALBOA.PRESS
A DIVISION OF HAY HOUSE

Derechos reservados © 2021 Hedin E. Daubenspeck.

Todos los derechos reservados. Ninguna parte de este libro puede ser reproducida por cualquier medio, gráfico, electrónico o mecánico, incluyendo fotocopias, grabación o por cualquier sistema de almacenamiento y recuperación de información sin el permiso por escrito del editor excepto en el caso de citas breves en artículos y reseñas críticas.

Puede hacer pedidos de libros de Balboa Press en librerías o poniéndose en contacto con:

Balboa Press
A Division of Hay House
1663 Liberty Drive
Bloomington, IN 47403
www.balboapress.com
844-682-1282

Debido a la naturaleza dinámica de Internet, cualquier dirección web o enlace contenido en este libro puede haber cambiado desde su publicación y puede que ya no sea válido. Las opiniones expresadas en esta obra son exclusivamente del autor y no reflejan necesariamente las opiniones del editor quien, por este medio, renuncia a cualquier responsabilidad sobre ellas.

El autor de este libro no ofrece consejos de medicina ni prescribe el uso de técnicas como forma de tratamiento para el bienestar físico, emocional, o para aliviar problemas médicas sin el consejo de un médico, directamente o indirectamente. El intento del autor es solamente para ofrecer información de una manera general para ayudarle en la búsqueda de un bienestar emocional y spiritual. En caso de usar esta información en este libro, que es su derecho constitucional, el autor y el publicador no asumen ninguna responsabilidad por sus acciones.

Las personas que aparecen en las imágenes de archivo proporcionadas por Getty Images son modelos. Este tipo de imágenes se utilizan únicamente con fines ilustrativos. Ciertas imágenes de archivo © Getty Images.

La página de derechos de autor incluye lo siguiente:
Edición inglesa: J T Hinds
Diseño de portada: Nichole Martini
Fotografía del autor: Amy Teague Portraits
Traducción por Editores Volcán

Información sobre impresión disponible en la última página.

ISBN: 978-1-9822-7421-4 (tapa blanda)
ISBN: 978-1-9822-7419-1 (tapa dura)
ISBN: 978-1-9822-7420-7 (libro electrónico)

Número de Control de la Biblioteca del Congreso: 2021918575

Fecha de revisión de Balboa Press: 12/15/2021

ÍNDICE

Este libro está dedicado a mi madre y a mi padre
por su amor y su apoyo incondicional.

Hedin montando su poni de las Shetland, Fury,
mientras crecía en la granja de su familia.

Aquello que busco, eso soy

AGRADECIMIENTOS

Quiero dar las gracias a las personas que han ayudado a mi desarrollo espiritual personal y a escribir este libro:

A mi esposa Dana por su querido apoyo y aliento y por haber sido tan paciente durante las muchas horas que le he dedicado a esta obra. Gracias por compartir conmigo este paseo en barco por el río de la vida.

Habría sido imposible escribir este libro sin la ayuda de mis maestros y guías espirituales. Doy las gracias a los maestros que están presentes en espíritu y a los ángeles que me han ayudado, incluidos los arcángeles, los tronos y los querubines, y también a la guía intuitiva Debra Merkes, por sus innumerables lecturas de almas y por su contribución a este libro.

Agradezco a los pastores de Unity World Ministry que influyeron en mi desarrollo espiritual: A John Rankin, Sig Paulson y Howard Caesar (de la Golden Pyramid of Light, en Houston), a Culliver Brookman (con quien fundé la iglesia The Center of Light), así como a Ann Marie Beale y al Dr. Rick Belous (de Unity Center, Tulsa).

Doy gracias a los maestros espirituales que están en la tierra y a mis colegas intuitivos, quienes me guiaron a lo largo de mi aprendizaje, pero especialmente a Grace Godwin, que siempre creyó en mí y me animó a dar un paso tras otro en mi viaje como maestro y escritor.

Por último, agradezco a las siguientes personas que pusieron su grano de arena en este libro: Arlene Chemers, Tom Culver, Monica McIntyre, Linda Grant, De Maris Gaines, Andrea Laney, Ray Daily, Jerry Newton, Alan Morrow, Allen Thomas, Jodi Tuttle, Gina Pearson, Wendy Berezowski, Peggy Ewing, Pam Herodes, Donna Beth Ingersoll, Liz Gore, Tyra Langley, Kathy Brennan, Lee Warren y Shelly Huffman.

PRÓLOGO

Mi época adolescente fue un punto de inflexión en mi vida porque anhelé alcanzar una comprensión más elevada. Puesto que deseo que mis memorias consigan alentar a otros a alcanzar el despertar de conciencia, este libro está pensado como una guía para quienes buscan la comprensión espiritual. He compartido a lo largo de las páginas reflexiones, prácticas y creencias que han ido formando mi entendimiento. Asimismo, incluyo referencias de libros que me ayudaron a dar cuenta de mis experiencias espirituales. El viaje místico que describo es un viaje interno que me condujo a la autorrealización. Emprendí muchos viajes, pero este en concreto me llevó al despertar de la conciencia y a la introspección.

A lo largo de la historia se han relatado cientos de experiencias con el reino espiritual (las fuerzas oscuras también existen en el universo, pero no suelen afectar a las psiques bienintencionadas que se aferran al amor y a la alegría y que usan algún tipo de protección, como lo es rodearse de luz blanca); nuestros maestros, guías y ancestros se comunican con nosotros para orientarnos y para aportarnos sabiduría y discernimiento. Venimos del Espíritu y volvemos al Espíritu, y negar las experiencias espirituales y psíquicas es rechazar la sabiduría y el reconocimiento de ese Espíritu. La acción de leer mis experiencias psíquicas y espirituales puede ayudarte a confiar en que las tuyas son auténticas y no imaginarias.

Este libro está dedicado a todo el mundo, independientemente de la edad y del origen. Cabe la posibilidad de que al terminar de leerlo por primera vez solo entiendas una parte, pero no te preocupes al respecto: acepta únicamente lo que estás preparado para recibir; a medida que tu conciencia se desarrolle lograrás comprender más fragmentos aquí escritos.

Estamos más próximos al Espíritu cuando acabamos de encarnarnos y también cuando estamos a punto de morir, sin embargo, nos relacionamos con el mundo invisible constantemente y a cualquier edad. Por ejemplo, una madre atormentada puede pedir a su guía espiritual que le ayude a encontrar a un hijo que se ha perdido, mientras que un anciano en los últimos momentos de su vida puede llegar a comunicarse con familiares fallecidos que lo están preparando a trascender. Los estados de la conciencia alterados y demás experiencias místicas suelen sucederse cuando se abre un portal en nuestro cuerpo psíquico.

Los sentidos psíquicos que se desarrollan durante la primera infancia, como lo son tener un amigo invisible, suelen debilitarse una vez absorbemos el conocimiento mundano. La elevación de conciencia a los reinos sutiles coincide normalmente con la «noche oscura del alma» tras la pérdida de un ser querido, un trauma, una enfermedad o un accidente grave.

En nuestra cultura es casi un tabú que las personas perciban espíritus incorpóreos incluso cuando, al fallecer, todos vayamos a entrar a otro reino. Algunos prefieren pensar que las experiencias psíquicas nacen de Jesús y/o Dios, pero la nomenclatura es la misma: en lo que yo escribo se puede percibir a Dios, a Jesús y a los maestros y antepasados espirituales.

Dios dio órdenes directas a Adán, Noé, Moisés y Jesús, por nombrar solo a algunos, y a mí me gusta atribuirles a las visiones de Ezequiel un origen divino. Dios continúa comunicándose con nosotros en estos tiempos modernos; de hecho, tener una relación íntima con Dios es completamente normal en algunas tradiciones espirituales modernas y se puede llegar a considerar parte de esta experiencia espiritual escuchar voces y tener visiones.

Existe mucha confusión acerca de lo que ocurre después de morir y, a mi parecer, la conciencia continúa tras el desprendimiento del cuerpo físico. Creer en la continuación de la conciencia más allá de la vida puede dar esperanza a aquellos que temen a la muerte. Cuando abrimos los ojos y la mente, y cambia nuestra percepción, comienzan a desarrollarse ideas nuevas acerca de la verdad al igual que si una flor abriera sus pétalos. Es al expandirse nuestra conciencia que la verdad conocida cambia y se nos empieza a revelar puntos de vista distintos. Al prestar atención a la intuición que surge del silencio aprendemos a guiarnos por ella y, si nos dejamos guiar, tendemos puentes entre nuestra realidad terrenal y espiritual.

INTRODUCCIÓN

Las percepciones y observaciones que he ido adquiriendo a lo largo de los años como místico y aprendiz de las enseñanzas religiosas y de la sabiduría universal han tejido una red de conocimiento interior. A continuación, se presenta un resumen de lo que el lector descubrirá en los próximos capítulos. Las palabras en cursiva se hallan en el glosario.

El Capítulo 1 «La infancia» relata cómo fue mi niñez creciendo en una finca en el suroeste de Oklahoma. En aquel entonces solía estar en contacto con la naturaleza, ayudaba en la finca y montaba a caballo. Conocí la religión cristiana y asistí a la escuela dominical.

En el Capítulo 2 «Paseo en poni hacia un despertar» comparto una anécdota que me sucedió en la adolescencia mientras montaba a caballo en el campo; un punto de inflexión que consiguió inspirarme para buscar más sabiduría y una conciencia más elevada.

El Capítulo 3 «Experiencias psíquicas y espirituales» explora unas cuantas experiencias espirituales que dicen haberles acontecido a algunas personas.

El Capítulo 4 «Encontrando la luz» narra cómo adquirir el conocimiento esotérico y cómo buscar la luz interior.

En el Capítulo 5 «Nuestros cuerpos de energía» enumero los cuerpos invisibles y analizo la percepción elevada. Este capítulo contiene términos que se usan comúnmente para describir ideas espirituales.

Quienes ocupan puestos importantes, incluso en la iglesia, a veces abusan de su poder. El Capítulo 6 «El abuso espiritual y el abuso del Espíritu» sirve para que no olvidemos lo importante que es vigilar de qué manera decidimos usar nuestros dones espirituales.

En el Capítulo 7 «Una crisis chamánica» cuento mi «noche oscura del alma», una experiencia que me puso de rodillas e hizo que finalmente retomara mi relación con Dios.

En el Capítulo 8 «Guías espirituales» doy ejemplos de mensajes que mis cómplices invisibles me brindaron para probar lo necesarios que son, pues nos enseñan y nos alientan.

En el Capítulo 9 «La cuarta noble verdad: El camino óctuple» hablo sobre la práctica budista del camino óctuple, la cual ha sido crucial para mí y en la que creo enormemente.

La meditación es una técnica muy necesaria cuando buscamos oír nuestra voz interior. En el Capítulo 10 «Silencio: Más allá de la cháchara mental» describo cómo es el proceso de bucear en nuestro interior hasta llegar a escuchar la voz interior.

En el Capítulo 11 «La conciencia entre morir y renacer» narro la muerte desde una perspectiva esotérica. Incluyo información sobre el proceso de morir y lo que nos ocurre cuando nuestra conciencia se encuentra entre la muerte y el renacimiento.

En el capítulo final «Conclusión: ¿Ahora qué?» doy al lector ánimos y le brindo algunos consejos para tener una vida más feliz y próspera.

La conciencia se expande a lo largo de toda una vida de experiencias. Cuando percibimos estas experiencias desde el lado espiritual la vida y nuestra conciencia se elevan.

MANDALA DE LA UNIDAD

Esta pintura sin título está en mi colección de obras de arte. En 1986, mientras estaba desayunando en la mesa, hice un dibujo en una servilleta. Una artista me había invitado a su estudio para ver cómo pintaba un cuadro, y el cuadro en cuestión resultaba ser idéntico al dibujo que había hecho yo en la mesa hacía un momento. Decidí comprarlo porque vi representado el sol, Dios y la conciencia, entre otras cosas más. Me ha ayudado mucho durante mis meditaciones. Quizá esta pintura simboliza el génesis más allá del cosmos: ¿representa la luz púrpura en la parte superior un estado más iluminado? Nuestra percepción y conciencia se eleva cuando concentramos toda nuestra atención en ella.

SOBRE LA ARTISTA

Airiel Mulvaney

Aunque Airiel nació y se crio en Houston, Texas, más tarde hizo un máster en la Universidad de California, donde se especializó en las Bellas Artes. Con el tiempo, tanto sus pinturas como las instalaciones de arte fueron cobrando un tinte puramente subjetivo y experimental, motivado sobre todo por el rechazo de las imágenes que inundan el mundo de la publicidad. Lo que la artista pretendía entonces era pintar obras que pudieran percibirse con los sentidos: el enigma, lo místico y lo oculto son temas recurrentes en sus trabajos.

Hoy en día Airiel reside en el Área de la Bahía de San Francisco, donde sigue pintando cuadros a la vez que trabaja como directora artística. En cuanto a sus pinturas, Airiel dice que «hablan sobre el vacío, la calma, el caos y lo desconocido; son manifestaciones grabadas en el lienzo, en el papel o en la madera, las cuales reflejan ese diálogo entre el mundo interior y exterior con el propósito de iluminar aquello que es invisible a simple vista. Cada colección es una expresión física que está buscando permanentemente el punto de cohesión entre lo interno y lo externo. La pintura saca a relucir mi lado más instintivo, mientras que mi yo prudente se desvanece; no utilizo pinceles, al contrario, elijo las pinturas que quiero y las mezclo directamente en el lienzo para que sean ellas las que ocupen su lugar. La materia y la energía que se mueve en ese pequeño espacio es lo que pretendo mostrar».

MEDITACIÓN

Busca un lugar tranquilo y un momento en el que sabes que no te van a interrumpir. Siéntate y ponte cómodo, con la espalda recta y los brazos extendidos.

Cuando sientas paz y alegría, y los problemas que tengas se han ido, visualiza una imagen o concéntrate en tu respiración.

Respira profundamente.

Siente tu respiración al inspirar.

Siente tu respiración al exhalar.

Permanece sentado hasta que te sientas en paz.

Observa tus pensamientos y déjalos ir. No les prestes atención ni les des tu energía.

Medita veinte minutos diariamente (con la práctica lograrás meditar todo el día, incluso cuando estés ocupado trabajando o haciendo cualquier cosa).

En el momento en el que hayas llegado a ese estado mental meditativo y estés abierto a recibir, podrás empezar a leer el siguiente capítulo.

MEDITACIÓN MATINAL

Despertarse por la mañana con una idea nueva es una forma genial de empezar el día. Hace unos años me desperté con este mensaje rondando por mi cabeza y que me brindó justo la concentración que necesitaba para meditar por las mañanas:

«Nos volvemos visibles a partir de lo invisible. Esta manifestación es el principio de nuestra existencia, y nuestra existencia va de la mano del anhelo y la voluntad de vivir. Respiramos por primera vez y, con esta primera respiración, somos conscientes de nuestro yo, de lo que es y siempre ha sido. La conciencia nos brinda la percepción de aquello que somos. A través de la conciencia vemos los polos opuestos: la masculinidad y la feminidad, la claridad y la oscuridad; lo bueno y lo malo.

Al principio vemos los dos polos opuestos fuera de nuestro yo; un momento después comprendemos que los dos polos opuestos también están dentro de nuestro yo y, cuando experimentamos esta división, es cuando nos alejamos de la verdad. Sin embargo, a medida que vamos aceptando estas oposiciones y logramos descubrir la armonía que hay en ellas, vencemos lo que nos divide. Al vivir en armonía comprendemos que somos uno con la vida.

Es posible que, cuando meditemos, traspasemos la mente y los pensamientos para llegar al silencio que reside en el vacío de la No Mente. En este vacío descubrimos una conciencia y felicidad elevadas. Aquí oímos la voz de Dios y recibimos su sabiduría divina porque nos damos cuenta de que Dios está dentro. Nuestras ideas se manifiestan al idear.

CAPÍTULO 1

MI INFANCIA

L os individuos poseen habilidades físicas y psíquicas diversas. Al igual que los dones y aptitudes que tenemos pueden estar condicionados por nuestros antecesores familiares (por ejemplo, en algunas familias muchos integrantes coinciden con practicar la medicina, tocar instrumentos o pintar), mis padres me dieron a mí la capacidad de percepción extrasensorial, el cual es cierto que todos compartimos en mayor o en menor medida.

Puesto que mi abuela paterna murió cuando yo tenía tres años apenas la recuerdo. Sé que antes de que mi padre se casara en 1948 vivió con ella en una finca junto a mis tíos, Eugene y Noel, quienes más tarde se quedarían cuidándola al no poder contar con mi abuelo, que había fallecido en 1918 tras contraer la gripe española.

Hace poco uno de mis primos me contó una anécdota sobre las capacidades psíquicas que tenía nuestra abuela: Durante la Segunda Guerra Mundial la Armada no estaba autorizada

1

a revelar el paradero de los soldados a los familiares, aun así, mi abuela le dijo a su familia que Dios le había revelado que mi padre estaba en la colonia francesa de Marruecos. Pasada la guerra, mi padre confirmó que había sido asignado a un hospital en Casablanca.

Mi madre también era vidente y, de vez en cuando, consultaba a uno para asegurarse del poder de su don, sobre todo mientras mi hermano mayor estaba en Vietnam. Igualmente yo terminé heredando estas facultades extrasensoriales de parte de mi madre y de mi abuela, pero, aunque de niño pensaba que todos tenían las mismas capacidades que yo, cuando crecí y me hice un adulto entendí que nada más lejos de la realidad: era diferente a los demás.

Nací tres meses prematuro pesando menos de un kilo y medio. Mi primera cuna fue una caja de zapatos. Según Manly P. Hall, las personas que nacen al séptimo mes suelen ser propensas a tener poderes extrasensoriales porque no están tan arraigadas a su cuerpo como el resto.[1] Quizá incluso antes de que fuera concebido ya estaba escrito en el plano invisible que nacería prematuro, porque elevar mi conciencia siempre ha sido algo importante en mi vida. Sabemos que a veces los niños tienen amigos invisibles, tan reales para ellos como lo son las personas y los animales (algunos niños que han sufrido un trauma temprano también pueden llegar a ejercitar sus facultades extrasensoriales para escapar del mundo visible al invisible); de hecho, los niños entienden los cuentos de hadas sin

---

[1] Manly P. Hall, *Man: The Grand Symbol of the Mysteries*, ed. 6 (1932; reimpr., Los Ángeles: Philosophical Research Society, 1972), 115–116.

necesidad de cuestionarlos porque, como explicó el psiquiatra y psicoanalista suizo Carl Jung, es en el subconsciente donde residen los arquetipos y solo del subconsciente emergen ideas tales como las del príncipe y la princesa, el embaucador o el anciano sabio.

Un niño superdotado, por ejemplo, puede prever el nacimiento de un hermano o la muerte de un familiar, y algunos niños hasta experimentan viajes astrales mientras sueñan o estando despiertos. Cabe la posibilidad, sin duda, de que los sueños más relevantes de nuestra infancia sigan siendo igual de importantes a lo largo de toda nuestra vida.

Yo crecí en una finca en el suroeste de Oklahoma. En los años 50 había electricidad, pero todavía no teníamos televisión ni aire acondicionado y por eso por las noches mi familia se sentaba en el patio trasero, para disfrutar del aire fresco. Allí, mientras admirábamos el cielo nocturno, mis padres solían enseñarnos las constelaciones a mí y a mis tres hermanos. Recuerdo que mi padre me decía que pensaba que había vida en otros planetas. En aquellos momentos sentía una «unión» irrompible con el universo.

Mi familia asistía a la iglesia del pueblo, como la mayoría de las familias campesinas de Oklahoma y del medio-oeste. En nuestro caso, la iglesia era una iglesia bautista donde los maestros de la escuela dominical se referían a un dios aparte, el cual imaginé como un dios masculino en las nubes.

La salvación era el centro de las enseñanzas bautistas. Uno debía bautizarse, profesar la fe en Jesús y hacer un juramento de por vida para poder ser miembro de la iglesia; entonces, y solo entonces, teníamos la salvación y la entrada al reino de los cielos asegurada.

Mi rito de paso fue una crisis espiritual que no tuvo nada que ver con la adolescencia o la sexualidad, pues sentí abrirse una brecha dentro de mí que separaba mi unión con la Fuente Divina de la presión de asimilar las enseñanzas de la iglesia. El hecho de que la iglesia me adoctrinara sobre un dios distante se oponía a mi fe en la interconexión de todas las cosas. Entonces ya me costaba creer que todos nacíamos pecadores y que necesitábamos el perdón, y también ponía en duda eso de que en el día del juicio final la ira de Dios caería sobre quienes no habían sido «salvados». Me parecía incomprensible que la gente, que tenía fe de maneras tan diferentes, pudiera asumir la ira de Dios. Para mí Dios estaba lleno de amor.

Yo era, por naturaleza, un niño espiritual. Quería formar parte de algo, no separarme, y me daba miedo y mucha ansiedad decepcionar a mi familia. Finalmente, a los doce años, me comprometí con la iglesia y me bauticé con la esperanza de adaptarme y de que este gran paso acallara mis dudas, pero no fue así. Todavía me sentía afligido.

Esta época fue complicada porque intentaba encontrar paz en mi interior a pesar de que seguía confundido, y tampoco es que me sintiera cómodo contándoles todo a mis padres, ya que ellos no acostumbraban a hablar sobre temas espirituales. Por si fuera poco, ni siquiera los presbíteros llegaron a enterarse de mis dudas y de la forma en que yo concebía a Dios: como yo no era un experto y no tenía conocimientos para rebatir lo que predicaba la iglesia, di por hecho que tampoco podría argumentarles por qué dudaba tanto de las doctrinas. Supongo que si me hubiera atrevido a explicarles a ellos y a mis padres cómo me sentía habría resuelto antes tantos conflictos, pero me aterraba la idea de que me dejaran de lado. En definitiva, sucedió que mis puntos de vista morales y éticos se terminaron alejando de los de mis padres y mis abuelos maternos, con quienes pasé la mayor parte de mi infancia. La doctrina religiosa me supuso un entretenimiento y un fastidio más que una bendición en sí, por lo que todo lo que la iglesia me obligaba a aprender lo acababa olvidando al poco tiempo.

No hay religión que tenga todas las respuestas de la vida. La naturaleza es inteligente y además es una maestra ecuánime: depende de nosotros comprender lo que nos enseña para así hallar armonía en nuestro interior, más allá de las vueltas y giros que da la vida.

CAPÍTULO 2

PASEO EN PONI HACIA UN DESPERTAR

A los trece años la naturaleza me dio una lección espiritual que me cambió la vida. Era una tarde de primavera soleada y estaba montando mi poni Little Red, como un día más, dejándome llevar por el trote. El campo, cubierto de flores silvestres moradas, emanaba un perfume intenso. De repente me sentí extasiado, embriagado por tanta belleza a mi alrededor. Aquella era la primera vez en mi vida que me sentía uno con la naturaleza, con Dios y el universo. Por primera vez en mi vida logré sentirme completo, en armonía con el infinito.

Me resulta difícil explicar cómo me llegó esta sensación de unión con todas las cosas, pero supe en aquel instante que la vida era un regalo. Si bien durante mi adolescencia logré reprimir los problemas que tenía con la doctrina de la iglesia y ya no sentía el temor de antes, la experiencia que viví en el campo me ayudó a oír mi voz interior y a percibir al Espíritu.

Conseguí liberarme de las normas bautistas tan estrictas sin sentir culpa, vergüenza ni miedo, y vi desplegarse ante mí un nuevo camino guiado por la confianza en mí mismo y en mi fe. Las religiones abrahámicas, es decir, el judaísmo, el islam y el cristianismo, consideran que Dios está separado de las personas; este dogma hace que el creyente perciba a un dios que no tiene cabida en la humanidad y al que debe rogar por el perdón y la salvación. La prueba «numinosa» que yo obtuve de forma inesperada en la naturaleza elevó mi conciencia y me hizo entender inmediatamente que a lo que se refería Jesús cuando dijo «El Padre y yo somos Uno» era a que el yo elevado, movido por la voluntad de Dios, había trascendido el yo inferior, movido por la voluntad propia. El mensaje que dio Jesús a la humanidad era que tú podías alcanzar la conciencia de Cristo como él, y que de esa unión provenía la salvación.

Más adelante, cuando tenía poco más de veinte años, descubrí la asociación Unity Worldwide Ministries y su enfoque de estudio bíblico, el cual era más metafísico que el de la iglesia bautista de mi niñez. También me topé con los escritos de Manly P. Hall, el fundador de la Sociedad de Investigaciones Filosóficas, cuyo método de análisis me ayudó a evolucionar espiritualmente. Gracias a que estuve en contacto con los versículos y testamentos desde joven, poco a poco fui aprendiendo a interpretar la historia que se esconde detrás de los mitos de la Biblia y la Torá, aunque no por eso he dejado de estudiar las doctrinas de todas las culturas para así conseguir formar una visión espiritual propia.

A los sesenta años, mientras estaba estudiando en la Universidad de Estudios Filosóficos, el Espíritu vino a mí y me comunicó que Dios era omnipresente. Entonces supe lo que pasó el día que monté mi poni en el campo: me había conectado con la Fuente Divina.

CAPÍTULO 3

EXPERIENCIAS EXTRASENSORIALES Y ESPIRITUALES

Seguramente conoces a alguien que tiene mucha intuición, o quizá seas tú quien la tiene y la utilizas en tu día a día. La percepción extrasensorial, o PES, es el «sexto sentido»[2] no físico. Sin embargo, el conocimiento espiritual va más allá de tener facultades psíquicas que ayudan a elevar la conciencia, porque sin duda es aún más importante saber interpretar las experiencias que surgen de ellas para llegar a un mayor entendimiento extrasensorial. La intuición, uno de los tipos de PES, es primordial para ejercitar una vida espiritual. Mi vida se fue volviendo cada vez más equilibrada según iba aprendiendo a confiar en mi intuición y a dejarme guiar por mis maestros espirituales.

---

[2] Los cinco sentidos son la vista, el olfato, el gusto, el oído y el tacto.

Pero a veces mi intuición me manda mensajes mundanos. Por ejemplo, una vez me desperté para ir a trabajar y me llegó que tenía que cambiar de reloj mientras me vestía. No hice caso al mensaje y, efectivamente, a las diez de la mañana mi reloj se paró porque las pilas se habían desgastado. Recordé que debía prestar más atención a mis guías. Otro día estaba frente al mostrador de una cafetería con mis dos hijos esperando a comprar helados cuando empecé a escuchar la voz de un bebé en mi oído interno, pidiéndome telepáticamente que me acercara a la sección de lácteos. Cuando fui a la sección vi a una madre y a su hijo dentro del carrito de bebé. Lo miré y enseguida supe que ese niño tenía parálisis cerebral, además de otras dolencias, a lo que su madre me confesó que su marido y ella estaban al borde de la quiebra por los gastos de los tratamientos médicos. Enseguida le dije que yo conocía un hospital infantil en el que podían atender a su hijo gratis, pues entonces yo formaba parte de la organización Shriners International, relacionada con la francmasonería. Esta es la primera vez que recuerdo haber tenido una experiencia telepática (un ejemplo de telepatía es cuando vas a llamar a alguien y justo en ese momento suena el teléfono porque esa persona había pensado lo mismo que tú; o sea, habíais conectado extrasensorialmente).

En ocasiones te puede parecer que las decisiones que tomas también están guiadas. Algo te inspira a elegir hacer una cosa u otra, como por ejemplo a hacer un dibujo concreto, redactar un contrato, hacer un viaje o ir a una clase en particular. Puede que alguna vez hayas estado en una librería y tuvieras la fuerte intuición de elegir un libro que, de otra manera, no habrías elegido por tu cuenta, o quizá entrases a una tienda porque tuviste una corazonada, y resulta que allí está en oferta algo que siempre has querido comprar. Con el tiempo te das cuenta de que confiar en las corazonadas que tienes termina trayéndote resultados positivos. Cuanto más confíes en tu intuición más acceso tendrás a este poder que parece tan mágico. Quizá no entiendas cómo ocurren cosas así y lo único que sabes es que algo te está guiando, pero no desesperes: las respuestas pueden emerger en otro momento, quizá mientras meditas.

EXPERIENCIAS CERCANAS A LA MUERTE

A veces oímos a gente contar experiencias extrasensoriales en las que se comunican con espíritus, como cuando dicen haber visto a un ser querido que acaba de fallecer junto a una puerta o al pie de la cama. La verdad es que el reino espiritual siempre está siempre cerca de nosotros, pero lo olvidamos con el ajetreo del día a día.

Normalmente las personas que han tenido una experiencia cercana a la muerte (ECM) y han dejado atrás el cuerpo dicen encontrarse con un guía o ángel de la guarda, o con un ser querido que ya murió. Cabe la posibilidad de que estas personas vean su cuerpo en medio de una cirugía que está yendo mal, por ejemplo, y eso es lo que activa la ECM; entonces llegan a ver una luz cegadora o sienten mucho amor, algo característico de estas experiencias. Igualmente, en los casos en los que las personas no están listas para trascender al otro plano se les suele comunicar que su misión terrenal todavía no ha terminado y vuelven a su cuerpo. Cuando despiertan y retienen la experiencia incluso aprenden a tenerle respeto a la vida porque lo ven como una segunda oportunidad. Vivir tiene un nuevo sentido y propósito.

LOS SUEÑOS Y EL DÉJÀ VU

Muchos mensajes nos llegan a través de los sueños. Hay sueños que pueden predecir acontecimientos futuros, como el nacimiento de un niño. En 1992 percibí la presencia de un espíritu en mi casa de Houston y quise saber por qué estaba viviendo conmigo. Más o menos al mes siguiente mi hijastra de veintidós años, que entonces todavía no estaba comprometida con nadie, me dijo mientras desayunábamos que estaba embarazada. Así es como supe que ese espíritu era su futuro hijo. Me puse muy contento y le aconsejé que tuviera al niño. Cuando llegó la hora y acuné al bebé en mis brazos sentí un amor desbordante.

A veces nuestros antepasados nos visitan en sueños para advertirnos de algún peligro o para prepararnos para el fallecimiento de un ser querido. A lo largo de nuestra vida soñamos con mensajes importantes, aunque es posible que no siempre los recordemos o que ni siquiera sepamos interpretarlos. También podemos llegar a ver lo que está pasando en el «plano astral» cuando tenemos sueños lúcidos. Poder extender nuestra conciencia hasta manifestarse en los sueños, significa que estamos evolucionando mucho espiritualmente: cuando una amiga de ochenta años me comentó que había soñado con un niño al que estaban operando del corazón y que a ella le pedían sostenerlo en el plano espiritual, yo percibí que ese niño todavía estaba en la barriga de la madre. Y es que una curandera me contó una vez que, en sus sueños, ella ayudaba conscientemente a las almas que debían trascender tras fallecer por un suceso inesperado, como puede ser un terremoto u otro desastre, y les hacía comprender lo que acababa de ocurrir y a asumir su nuevo estado espiritual.

Otra experiencia psíquica que se suele dar es el déjà vu, esa sensación que hemos tenido todos de haber estado en un lugar antes o de haber conocido a alguien anteriormente. A mi esposa, por ejemplo, con quien tengo dos hijos maravillosos, la vi por primera vez en una fiesta en 1974 y sentí inmediatamente que la conocía, si bien por aquel entonces éramos solo dos extraños. Al final resulta que estuvimos juntos casi diez años. En fin, en ocasiones estas experiencias tienen que ver con momentos relacionados con nuestras vidas pasadas, en cuyo caso se puede acceder a ellos mediante la hipnosis o a través de una terapia regresiva.

LAS PERSONAS EMPÁTICAS

Al contrario que un clarividente, que identifica energías a partir de objetos y lugares, una persona empática es aquella que percibe las energías ajenas y además siente, intuitivamente, los estados físicos y anímicos de la misma manera que quienes los padecen (como puede ser el dolor o la aflicción). Por ejemplo, a mí me sucedió que, en una reunión con mi grupo espiritual, empecé a sentir un dolor de vejiga que alguien del grupo estaba sintiendo justo en ese momento. Al principio, las personas empáticas pueden llegar a desconcertarse hasta que aprenden a distinguir sus estados de los de los demás, y una buena forma de reconocer tus sensaciones y separarlas del resto es expresándolas abiertamente.

Sanación psíquica

Una vez pedí a una curandera psíquica que averiguara por qué me dolía el bazo. Pasado un rato de exploraciones descubrió que tenía un «ente desencarnado» pegado a mi bazo, dado lo cual tuvo que convencerlo para que se soltase del órgano y siguiera su camino. Cuando por fin se marchó, el dolor paró al momento. Normalmente la curación psíquica suele darse en el plano «etérico» (en el capítulo 4 hablo detalladamente sobre los entes etéricos).

La intuición y la conciencia psíquica elevada

Cuanto más desarrollamos nuestra intuición más permitimos que nuestros guías espirituales nos ayuden, pues al aprender a escuchar e interpretar los mensajes que nos brinda el Espíritu logramos instaurar una mayor armonía en nuestra vida, de tal forma que, incluso en los momentos más difíciles, terminamos depositando nuestra fe en sus consejos.

El viaje que cada persona ha de seguir es único, y la mejor manera de recorrerlo es algo que debe averiguar cada uno por sí mismo. Cuando se trata de hablar sobre facultades espirituales y extrasensoriales muchos son escépticos hasta que tienen una experiencia real, pero es verdad que oír el relato de otra persona no sustituye la experiencia propia: solo renunciando al poder y a la influencia que el ego tiene sobre nosotros logramos sumergirnos en nuestra Fuente Divina, donde se encuentran las respuestas a las preguntas más esenciales. Dejemos de intentar resolver todo con el intelecto y aprendamos a confiar más en la intuición.

LA NOCHE OSCURA DEL ALMA

Normalmente las crisis, que siempre tienen un fin importante, cambian nuestras prioridades. Cuando atravesamos lo que llamamos la «noche oscura del alma» o «emergencia espiritual» centramos toda nuestra atención en el contratiempo que la ha originado: perder a un ser querido, tener una enfermedad grave e inesperada, padecer una adicción, divorciarnos o quedarnos sin trabajo, son ejemplos de circunstancias angustiosas en las que nos permitimos escuchar esa voz que reside en nuestro interior y que no tiene otra intención que ofrecer ayuda divina. En *La noche oscura del alma*, San Juan de la Cruz narró estas circunstancias hace más de cuatrocientos cincuenta años para concluir que, al trascender el ego y la razón (sufrir la muerte chamánica), creamos un vínculo con Dios que nace del alma y del Espíritu. Terminamos recurriendo a la ayuda divina porque nos damos cuenta de que no podemos superar los obstáculos que un fuerte contratiempo trae consigo y tocamos fondo. Cuando nos alejamos de la resistencia y de la ira, y pedimos a la Divinidad que nos eche una mano, abrimos una vía de comunicación espiritual que puede seguir desarrollándose toda la vida.

EL OTOÑO DE LA VIDA

La evolución espiritual no cesa nunca. Cuando nos jubilamos podemos dedicarnos a enseñar a otros y a meditar más tiempo, y es al reafirmar nuestra fe y creencias más trascendentales que dejamos de darle importancia a la vida mundana que trae nuestra profesión, aficiones y relaciones. Inevitablemente, nuestra atención se desvía al ocaso de la vida: mi padre, por ejemplo, dejó la finca y sus propiedades a los cien años para irse a una residencia y estudiar psicología. Toda su vida pensaba que no había nada después de la muerte y que todo se acababa al dejar el cuerpo físico; sin embargo, durante los últimos años empezó a ver y a hablar con espíritus allegados. Estaban preparándolo para la transición.

Desde que mi padre murió nos comunicamos con frecuencia. Una mañana le pedí ayuda mientras desayunaba porque estaba más irascible que de costumbre, y él me contestó que fuera al ordeño a ordeñar con su típica voz de granjero. Enseguida entendí que debía concentrarme en mi trabajo y ser más práctico, porque los sentimientos van y vienen sin más. Me alegré en aquel momento de que me diera su consejo, y supongo que él también se alegró de haberme ayudado. Todavía hoy en día seguimos comunicándonos regularmente.

Por lo general solemos subestimar lo mucho que influyen este tipo de experiencias a la hora de tomar decisiones, pero las cosas que creemos equivocadamente dejan de sernos útiles cuando, con el tiempo, vamos fortaleciendo nuestra conexión con el mundo invisible, nos conectamos con la Fuente Divina y nos dejamos guiar por el Espíritu. De nuestra relación con Dios nace la paz y la oportunidad de entablar conexiones espirituales a lo largo de nuestra vida, y es gracias al estudio, a la meditación y al desarrollo de nuestros dones metafísicos que vamos adquiriendo una conciencia cada vez más elevada del reino espiritual.

CAPÍTULO 4

ENCONTRANDO LA LUZ

«Que haya luz», mandó Dios, «y hubo luz». Este verso pertenece al Génesis, el primer libro de la Biblia sobre la historia de la creación. Aquí el ser humano se hallaba en el Jardín del Edén porque era plenamente consciente del reino espiritual; sin embargo, al poco tiempo, Adán y Eva comerían del árbol del conocimiento, obligando a sus descendientes a discernir entre el bien y el mal, a reconocer la dualidad y a perder la inocencia de la que disfrutaban.

Aunque para regresar a la conciencia elevada debemos trascender este sentido de dualidad, estamos paradójicamente condenados a experimentar lo «bueno» y lo «malo» a medida que nuestra percepción va adquiriendo una frecuencia de vibración alta. Al ejercitar la sabiduría y comprometernos con el amor vamos dando pasos en nuestro camino espiritual.

Todas las filosofías y religiones adoptan enfoques espirituales distintos. Tal vez no te baste con un único enfoque para entender los conceptos espirituales esenciales, en cuyo caso te recomiendo abrir la mente para explorar otras ramas que puedan aportarte conocimiento provechoso. Como siempre digo, nunca está de más saber mucho de algo y un poco de todo.

En las siguientes páginas examino unas cuantas técnicas que pueden ayudarte a encontrar la luz a través de experiencias espirituales nuevas. Todas ellas están pensadas para entablar una relación íntima con Dios y elevar la conciencia hacia el reino espiritual.

El rito, la danza y el movimiento

Algunas personas solo son capaces de meditar mientras hacen algún tipo de ejercicio. La danza es una buena manera de meditar porque a través de ella se puede llegar al silencio, mientras que en la caza y en el atletismo nuestros actos tampoco se desprenden de nuestro yo ya que no se utiliza la conciencia en el proceso y, además, el tiempo pasa mucho más lento. Las ceremonias, el canto y la danza suelen practicarse para aclarar la mente; por ejemplo, cuando uno está siempre bailando consigue que la mente esté en el momento presente y, asimismo, va ejercitando la capacidad de meditar en cualquier momento del día o la noche. Al final llegará un punto en que, si así lo quieres, tu mente permanecerá siempre en calma, pues te habrás vuelto más receptivo a tu mundo interior y lograrás acceder a él fácilmente. Pero hay más ejercicios que estimulan nuestra conciencia: los que disfrutan corriendo, de hecho, tienen la mente más despejada y son más receptivos a abrir canales espirituales cuando están en medio de una carrera, al conectar con el yo elevado que hay en su interior.

Quizá sintamos exaltación o sorpresa al presenciar una ceremonia sagrada en lugares tales como una catedral o un templo. Mientras que la danza extática es propia de las culturas judías y sufíes, los cantos y los ritos son tradiciones más típicas de las ceremonias budistas. Realmente, tanto los bailarines folclóricos judíos como los bailarines nativos americanos y los derviches utilizan el baile como parte intrínseca de sus ritos. También nos es familiar el rezo entre los ritos espirituales más significativos de la iglesia, el cual es capaz de generar pensamientos cargados de energía positiva con la capacidad de mejorar nuestra vida.

La conciencia elevada

Cuando Estados Unidos combatía en la ofensiva "Operación Tormenta del Desierto" tuve una premonición mientras meditaba. Esta premonición me reveló que dos individuos estaban planeando hacer volar los tanques explosivos de la Fuerza Aérea. Como fui oficial de inteligencia militar me vi en la obligación de tomar medidas de precaución e informar a la Fuerza Aérea Tinker de este posible riesgo. No sé si fue casualidad, pero sentí una conexión espiritual cuando, tiempo más tarde, leyendo el periódico, me informé de que se habían arrestado a dos hombres por actividades que suponían una amenaza para la Fuerza Aérea.

EL DESPERTAR DE LA CONCIENCIA ESPIRITUAL

Cuando nuestra conciencia se eleva empezamos a escuchar la voz interior que nos brinda sabiduría y que nos guía desde el corazón, que sabe qué es verdad y qué una falacia. Cuanto más desarrollamos la percepción, más reflexiva, inteligente y positiva se vuelve nuestra reacción frente a los sucesos de la vida. Normalmente el despertar ocurre en el momento en que nos atrevemos a cuestionar las cosas en las que creemos y empezamos a buscar un significado valioso que nos ayude a discernir aquello que es real de lo que no lo es: estos son nuestros guías espirituales actuando sobre nosotros y mostrando el camino a seguir. Si bien es normal sentir alegría e incluso euforia al elevarse nuestra conciencia, en realidad esta es una búsqueda personal de sabiduría, comprensión y honestidad que nunca termina; cuanto mayor es el amor que atraemos a nuestra vida, más experiencias espirituales vivimos.

CAPÍTULO 5

NUESTROS CUERPOS ENERGÉTICOS

Nuestro ser está hecho de múltiples cuerpos visibles e invisibles. Aunque conocemos los cinco sentidos físicos y estamos habituados a ellos, los sentidos elevados y espirituales son mucho menos reconocidos porque éstos se desarrollan con la conciencia extrasensorial.

LOS SENTIDOS ESPIRITUALES

Tanto los sentidos físicos como los espirituales están más o menos desarrollados según el ser que habitan: hay personas, por ejemplo, que tienen la vista y el oído agudizados. En cambio, existen otras personas que tienen su percepción extrasensorial más desarrollada y les llega información del plano astral, tienen premoniciones, se adelantan al futuro o incluso son «visionarios», a cuya habilidad nos referimos como «clarividencia». Con este sentido podemos percibir los estados físicos y anímicos pasados, presentes y futuros de los demás, describir casas y edificios con solo tocar un objeto («psicometría») y, si está muy desarrollado, oímos al Espíritu con el oído interno y recibimos sus mensajes telepáticamente.

Pero también contamos con otros sentidos espirituales, entre ellos el olfato y el gusto: hay olores o perfumes específicos, por ejemplo, que provienen del plano astral, de ahí que una persona pueda oler el perfume de su abuela fallecida y saber que está presente en espíritu. Por lo general yo mismo no suelo percibir otros entes espirituales que no sean mis maestros o antepasados, como mi madre o mi padre, pero una vez sí que tuve una experiencia diferente: Cuando trabajaba en una oficina llena de cuadros pintados por nativos americanos, en el centro de la ciudad, empecé a oler a salvia sin causa aparente. Aunque no recibí mensajes ni oí su voz, tuve la certeza de que un curandero indígena americano estaba allí en espíritu.

PRANÁ

La energía cósmica universal que está siempre fluyendo dentro y fuera del cuerpo, que es responsable de sus funciones, de la vida y del espíritu que habita en su interior se llama praná (en sánscrito) o Chi (en chino). El praná es el aire que los seres vivos inspiran.

NUESTROS CUERPOS INVISIBLES

El aura es el campo electromagnético que nos rodea, y está formado por varias capas a las que llamamos «cuerpos»: el cuerpo físico, el cuerpo etéreo, el cuerpo astral, el cuerpo mental y los cuerpos espirituales. Aunque parezca que estos cuerpos se disponen en orden, realmente están distribuidos en un mismo espacio y pueden superponerse y entremezclarse. La única manera en que podemos distinguirlos a cada uno es a partir del índice de vibración.

Los seres vivos nacemos con estos cuerpos, los cuales se extienden más allá del cuerpo visible y forman un huevo áurico a nuestro alrededor de manera perpetua, de hecho, son los mismos cuerpos con los que nos encarnamos en vidas pasadas. La capa más cercana es la etérea e interactúa con el campo químico y eléctrico del físico, según la neoteosofía (en la tradición cristiana el huevo áurico se representa con un halo dorado que envuelve la cabeza de las figuras sagradas, como la cabeza de Jesús, María y demás santos, para indicar su santidad y también para señalar lo espiritualmente avanzados que están).

La interacción permanente entre estos cuerpos nos afecta para bien y para mal a lo largo de nuestra vida. En el cuerpo astral, sin ir más lejos, reside la psique y es ahí donde se acumulan nuestros hábitos y emociones subconscientes (más información en el capítulo 11). Los pensamientos tóxicos también pueden llegar a manifestarse físicamente.[3] Cuando sentimos dolor o nos entristecemos por la pérdida de un ser querido, por ejemplo, expresamos estas emociones mediante una conducta física registrada en la mente, como puede ser llorar. No obstante, el aura va cambiando a medida que vamos pasando por distintas fases en la vida. En una persona intelectual predomina el color amarillo de su aura y, en caso de interesarse por un enfoque más espiritual, el color amarillo se combinaría con el morado de la devoción. El color rojo, en cambio, se identifica con una emoción intensa como la ira, mientras que el color grisáceo representa la depresión y el color naranja la vitalidad del cuerpo al que rodea. Aun así, es bastante común que más de un color envuelva el mismo ser porque normalmente tenemos varias emociones activadas al mismo tiempo. Sabiendo la cantidad de información cósmica que recibimos no es extraño, entonces, que muchas veces tengamos una buena o mala impresión cuando conocemos a alguien, pues sin duda podemos percibir la energía de las personas y, en los casos más avanzados, averiguar facetas de su forma de ser al tocarlas.

Solo al percatarnos de la manera en que interactuamos con el mundo es cuando averiguamos cómo funciona nuestro cuerpo energético y las capacidades que poseemos; somos seres espirituales con un sistema interactivo de

---

[3] Recomiendo leer el libro de Louise Hay, *Heal Your Body: The Mental Causes for Physical Illness and the Metaphysical Way to Overcome Them*, donde aparece un listado de enfermedades y su relación con las causas psicológicas, así como los métodos para sanarlas.

cuerpos complejos que registran, almacenan y reciclan pensamientos y emociones capaces de cambiar la energía universal. Para usar nuestros dones, no obstante, es necesario aprender a dominarlos a la perfección o pueden llegar a ser contraproducentes. Una de las técnicas más reconocidas que pueden alterar los estados energéticos, por ejemplo, es el Reiki, o la sanación con las manos.

CAPÍTULO 6

EL ABUSO ESPIRITUAL Y EL ABUSO DE LOS DONES

Por abuso espiritual se entiende el uso nocivo que los líderes espirituales hacen de su conocimiento y de sus dones, tengan o no intención de ser perjudiciales para sus seguidores. Algunas religiones, por ejemplo, profesan que su dogma es el único válido para entrar al reino de los cielos e infunden miedo y culpa en vez de transmitir amor y esperanza. Demandar obediencia y atemorizar a la gente con advertencias sobre el «diablo» son tácticas de manipulación que hacen que la gente se vuelva dependiente de las prácticas de la iglesia. ¡Imaginemos lo triste que sería el cielo si solo lo habitaran los creyentes de una religión! Todos los seres somos espirituales y todos podemos comunicarnos con Dios si lo permitimos. **No cedas tu poder cuando las autoridades religiosas o gubernamentales intenten dirigir tu forma de pensar y tu comportamiento**; esta relación con ciertas iglesias es disfuncional sobre todo si no sientes la necesidad de participar en todas las ceremonias y las actividades. Además, la explotación sexual y cualquier tipo de contacto físico no consentido es un abuso. Demasiadas veces se ha permitido el acoso, la intimidación y los favores sexuales dentro de las organizaciones eclesiásticas. Estos abusos son crímenes y has de saber que nadie sería capaz de cometer ningún crimen conscientemente cuando el chacra del corazón está abierto. La magia blanca, como lo es orar, está basada en el amor, no en el control ni la manipulación, así que no faltes al honor de tu conciencia y protege tus sentimientos bajo toda circunstancia. Mi recomendación es que, si lo necesitas, descanses y busques otra manera de expresar tu fe; afortunadamente existen muchísimas otras iglesias con buena intención, honestas y tolerantes que sí que siguen los verdaderos principios enseñados por Jesús, Buda y demás maestros.

Tampoco confíes en los anuncios que prometen ayudarte a elevar tu conciencia con solo participar en un taller de un fin de semana. Lo que suena demasiado bien es una estafa. Aunque es verdad que un maestro te puede dar consejos para crecer espiritualmente, alcanzar este cometido es un compromiso de muchos años y no se consigue de la noche a la mañana. Pregúntate mejor si ese maestro que quiere orientarte en tu viaje espiritual es humilde, generoso y agradecido, si está lo suficientemente formado y también si tiene experiencia o si, por lo contrario, su verdadero interés es más bien hacerse famoso y ganar dinero a tu costa: algunos médiums y charlatanes hipócritas no quieren otra cosa que vaciar tu cuenta bancaria, además, no es ético decirte lo que quieres oír tan solo porque buscan lucrarse de tu confianza. Los verdaderos maestros se enfocan en tu faceta espiritual y destinan los recursos a este fin. Por tanto, cuando requieras de un guía espiritual asegúrate de que es justo y de fiar. Pensemos que invocar energías de manera imprudente es peligroso y se vuelve en tu contra: yo mismo tuve una mala experiencia al probar la radiestesia con péndulo, ya que al final solo logré que entidades de baja conciencia entraran en mi psique y estuvieran hablándome durante años, si bien había pedido a los ángeles que me protegieran de las fuerzas oscuras. Existen casos más extremos de magia negra, no obstante, en que estas entidades oscuras pueden llegar a poseer el cuerpo en el que habitan porque les has entregado hasta tu voluntad, un tema que recomiendo examinar en *Obsesión y posesión* de Torkom Saraydarian. Prácticas como la Cábala incluyen anécdotas verídicas de personas que se han vuelto locas, que se han suicidado o que han puesto su vida en peligro porque han invocado mala energía. Aunque ciertas actividades, como ver una mesa moverse sola, pueden parecerte divertidas, indudablemente son arriesgadas porque estás poniendo a prueba a entidades muy oscuras. Asegúrate de que los ejercicios espirituales que llevas a cabo son seguros para tu espíritu.

EL MANDALA: UN ESCUDO ESPIRITUAL

Spirit shield es una pintura acrílica de Erwin Newton que me recuerda a un mandala. Para la creación espontánea de esta obra el artista, que acababa de perder a su hermano, encontró inspiración en el chamanismo. Tuve suerte de hacerme con esta pintura cinco o seis años antes de que Erwin fuera a venderla, porque el escudo espiritual que percibo en los trazos me ayuda a limpiar mi aura de las energías externas de la gente. Y tú, ¿qué ves en esta obra? Mírala fijamente y medita. ¿Qué sensación tienes? Quizá tú también percibas su protección.

SOBRE EL ARTISTA

Erwin Newton

Entre el año 2000 y 2005 Erwin estuvo estudiando en el Instituto de Arte de Chicago, donde desarrollaría interés por la poesía y la música (las cuales más tarde acabaron influenciando el enfoque de sus obras) y se codearía con artistas y profesores de ideas afines. El método artístico de Erwin consiste en dibujar las ideas a las que le lleva su mente abstraída y, de esta manera, crear universos invisibles que solo existen dentro de su cabeza. Actualmente es el dueño de un estudio en Belén, Nuevo México; allí pinta y crea mundos inspirados en los patrones y texturas que percibe del cielo, de los montes y de los animales. Él nos cuenta que: «Pintar me calma, me libera de la ansiedad y del estrés. Los estilos que más me inspiran son el surrealismo, el expresionismo y el arte aborigen, puesto que mis obras artísticas están condicionadas primordialmente por el estímulo de la conciencia espiritual».

CAPÍTULO 7

UNA CRISIS CHAMÁNICA

La vida pone a prueba a aquellos que están preparados para superar un gran obstáculo, y, en ocasiones, ese es precisamente nuestro mayor regalo. Mientras que la mayoría de gente sufre lo que llamamos la «crisis de los cuarenta», yo pasé por una crisis espiritual severa debido a que, por aquel entonces, no sabía cómo asumir las facultades psíquicas que poseía: escuchaba tantas voces abrumadoras que pensaba que me había vuelto loco y, evidentemente, todas ellas dificultaban mi día a día hasta el punto de obligarme a buscar un significado espiritual durante años, una salida al tormento que estaba distanciándome de mi auténtico yo.

Cuando comencé a oír voces tenía algo más de cuarenta años y residía en Houston. Los episodios eran tan atroces que me vi obligado a dejar el trabajo y a retirarme a un desván durante más de un año, sin ingresos ni casa propia. Había perdido el control y estaba aterrado. Por si fuera poco, llegó un momento en el que no solo escuchaba voces, sino que también empezaba a notar que algo trepaba por mi cuerpo y se deslizaba al estilo de una serpiente (resulta interesante que la piel de las serpientes se regenere cuando no puede estirarse más; simbólicamente, la serpiente nos dice que debemos desprendernos de las conductas caducas para que nuestra conciencia pueda seguir evolucionando). Gracias a los veinte años que llevaba estudiando el sistema filosófico de Manly P. Hall, me di cuenta de que las meditaciones que había practicado para despertar la kundalini en otra etapa de mi vida estaban surgiendo efecto y que la energía, representada como un reptil que se desenrosca, estaba entonces moviéndose por mi columna vertebral, atravesando cada uno de los chacras. Aun así, seguía padeciendo un orgullo espiritual que no me permitía evolucionar más allá.

En resumen, esta crisis espiritual me humilló. Durante cuatro años tuve alucinaciones que ya preocuparon muchísimo a mis seres queridos, hasta el punto de intentar ayudarme a salir del trance con suma paciencia y respeto. Primero vi reptiloides en casa de mi hermano, detrás de los ministros de Israel y Palestina, mientras veíamos un debate en la televisión. Así, como un héroe exiliado de su tierra natal y embarcándose en un territorio desconocido, me fui vagando por Texas y Oklahoma, donde decidí ponerme en manos de profesionales para poder curarme y volver a ser autosuficiente: el primer psiquiatra pensó que mis alucinaciones venían causadas por unos ataques de pánico, el segundo me diagnosticó con esquizofrenia y el tercero pensó que se trataba de un gran desequilibrio químico.

Mi padre, que era aficionado a la psicología, creía que todo lo originaban los efectos del estrés. Perdí amigos en el camino y di por sentado que era una especie de loco de la baraja del tarot porque se me acababa de caer la máscara del ego: de repente comprendí que no lo sabía todo y, al superar esa soberbia espiritual, logré que mi conciencia subiera un peldaño más en la escala del entendimiento.

Dejar atrás el ego es un acto indispensable para poder unirse con el Espíritu Divino; pasar por una transformación es pasar por una muerte psicológica en la que todo nuestro ser físico, mental, emocional y espiritual, renovado con otra energía, percibe a Dios nuevamente. En mi caso, mi fe temprana en él y en el universo me dio fuerzas para seguir adelante sabiendo que, al final, todo saldría bien, por eso acepté que mi personalidad fuera cambiando. Sentí mucha más humildad, gratitud y compasión hacia mis prójimos, y empecé a interpretar los testamentos bíblicos como alegorías y no tanto como eventos históricos. Recobré mi paz. La voz del Espíritu regresó a mí y me dijo, varias veces: «Ve a ver a tu hijo. Va a ser padre», pero yo ya no tenía relación con él y, puesto que había perdido la pista de dónde podía estar, tuve que averiguar dónde vivía a través de registros judiciales. Por fin, al llamar a la puerta, mi hijo de diecisiete años me abrió y me anunció lo que ya sabía: «Papá, voy a ser padre», mientras yo llevaba bajo el brazo un cuadro sobre un padre que acuna a su bebé. Se lo regalé. Aunque después de todo mi hijo no quiso retomar la relación conmigo, interpreté el nacimiento de mi nieto como el reflejo de la semilla que empezaba a brotar en mi interior.

En septiembre de 2003 me mudé a Tulsa, Oklahoma, para estar junto a dos hermanos. Allí asistí al Unity Center y a la iglesia de las ciencias religiosas (que actualmente se llama Center for Spiritual Living) para estar con gente de ideas afines. Trabajé como contable y también co-fundé el Center of Light, una iglesia metafísica local donde empecé a enseñar mientras leía libros sobre el chamanismo, como el *Shamanic spirit*, de Kenneth Meadows. Uno de mis amigos de Nuevo México me confesó entonces que todas las experiencias psicóticas que había sufrido no eran sino síntomas típicos de la iniciación chamánica, a lo que me recomendó leer *Shamanism: archaic techniques of ecstasy*, donde se refleja esta locura. Al saber que otros chamanes habían pasado por episodios parecidos a los míos, me relajé y decidí probar el trance chamánico para encontrar nuevas respuestas: súbitamente vi un cáliz que se volcaba y derramaba el agua dentro. Me sentí molesto hasta que comprendí que el cáliz podía llenarse siempre que quisiera. El amor de Dios es infinito.

Doy gracias a la curación psicológica y espiritual que viví porque al final me volví una persona más humilde y segura de sí misma. Hoy en día tengo una casa junto al lago maravillosa y una esposa encantadora, he recuperado la relación con miembros de mi familia, tengo un trabajo estable y fructífero y he hecho buenos amigos. La vida me ha dado mucho.

CAPÍTULO 8

MIS AYUDAS ESPIRITUALES

Desde niño solía comunicarme con mis maestros espirituales cuando estaba dormido. Tras años de estudio esotérico antiguo y evolución personal, he desarrollado mi percepción y mejorado la relación con mis guías de una forma consciente. Hoy en día, la meditación es el método que más me ayuda y hasta he recibido mensajes telepáticos para escribir este libro. Aun así, no soy clarividente y no acostumbro a tener visiones ni a oír nada del plano astral, por lo que siempre acudo a una intérprete psíquica llamada Bright Eyes para ayudarme a entender mejor todos los mensajes de mis maestros. En una de las sesiones, la intérprete me describió un búho con bata, birrete y borla dorada, que para mí simboliza la magia y misterio.

El único libro espiritual que conocía de joven era la Biblia, del cual buscaba aprender todo lo que pudiera y descubrir el significado alegórico de los testamentos y las historias. Cuando tuve veinticinco años me uní a la francmasonería y alcancé al grado treinta y dos (como Manly P. Hall, que llegó al trigésimo tercer grado en 1973). A finales de los ochenta encontré la Capilla de la Luz en Whitney, Texas, donde conocí a la artista intuitiva Elaine, quien me dibujó a lápiz un retrato de cinco de mis guías espirituales y me explicó que están conmigo y que se comunican mientras duermo por las noches. Quince años más tarde Lorraine, una amiga psíquica, me reveló los nombres de mis guías y me dijo que mi maestro principal era Josefo, un hombre con barba y túnica similar a las que vestían en la época de Jesús. Josefo ha supervisado mis vertiginosos progresos espirituales desde que me adentré en el mundo esotérico antiguo y comencé a estudiar las religiones de todas las culturas (acumulando más de dos mil libros de literatura espiritual y esotérica, incluidos los teósofos). Josefo se me presentó en 2005 durante una de las sesiones con Bright Eyes y me anunció que era el momento de que empezara a enseñar todos los temas espirituales que había aprendido, así que empecé en las iglesias New Thought de Tulsa. Un tiempo después, en otra sesión, Bright Eyes me visualizó frente al trono de Josefo mientras éste me colocaba una corona, pues ya contaba con tantos conocimientos esotéricos que estaba preparado para graduarme.[4] Desde entonces mi maestro y yo nos comunicamos regularmente por las noches, al dormir.

---

[4] Después hallé información sobre los grados de iniciación en las escuelas esotéricas gracias al libro de Grace Knoche, ex líder de la Sociedad Teosófica, *Escuelas del misterio*. Según Knoche, quien abre su conciencia va ganando experiencia y conocimiento hasta estar preparado para empezar a enseñar los «misterios».

Actualmente he hecho de mi casa un santuario donde estudio y enseño a mis alumnos. Sus buenas opiniones sobre mí me animan a seguir esforzándome a dar lo que he aprendido y ayudar a todo aquel que esté interesado en desarrollar sus conocimientos espirituales. Gabriella, otra de mis guías, me comunicó que era ella quien había traído la belleza a mi casa; de hecho, años más tarde me compré una litografía de la pintura «Soñando sobre la inmortalidad en una choza de paja» de Tang Yin (donde se ve el espíritu de un hombre levitando en el cielo), ya que anteriormente había recibido el mensaje de que encontraría un cuadro que poner sobre una de mis estanterías y estar siempre en sintonía con el plano astral.

CAPÍTULO 9

LA CUARTA NOBLE VERDAD: EL CAMINO ÓCTUPLE

Tras la iluminación, el Buda introdujo los que serían los principios del conocimiento budista y enumeró, ya en su primer sermón, las cuatro nobles verdades. Estas verdades son:

1. La verdad del malestar
2. La verdad de la causa del malestar
3. La verdad del cese del malestar
4. La verdad del camino que conduce al cese del malestar

Este último punto representa el camino óctuple, el cual nos ayuda a alcanzar la iluminación y superar, por tanto, el malestar que implica existir en todas sus facetas, incluida en la alegría. El camino óctuple nos permite vivir en armonía y en paz con el universo a base de reforzar la bondad, la compasión y la sabiduría y de practicar la ley del desapego en nuestro día a día.

LA VISIÓN CORRECTA

Para dar el primer paso por el camino óctuple es necesario tener la visión correcta porque, cuando adoptamos la perspectiva adecuada, nos orientamos bien y hacemos lo mejor. Así es como nos liberamos del malestar y nos volvemos bondadosos, amables y valientes. Debemos para ello limpiar la mente de falacias primero, estudiando la verdad y enriqueciéndonos con la sabiduría que esta nos proporciona. Este paso también se da al final.

EL PENSAMIENTO CORRECTO

El segundo paso por el camino óctuple representa el pensamiento correcto, pues mediante nuestros pensamientos transformamos quienes somos y lo que tenemos alrededor; cuando conocemos personas y vivimos situaciones que hemos atraído con nuestros prejuicios no vemos la realidad tal y como es. Con el pensamiento correcto vivimos en la paz del ahora, sin arrastrar las cargas del pasado ni soportar las esperanzas que proyectamos hacia el futuro.

Según el budismo, hay dos tipos de pensamientos: los distraídos y los concentrados. La mente distraída piensa sin orden y viaja de una idea a otra sin que la podamos controlar, mientras que la mente concentrada dirige su juicio a una sola tarea y renuncia a los deseos. Cuando somos conscientes de nuestros pensamientos nos colmamos de bondad y compasión, primero hacia nosotros mismos y, más adelante, hacia todos los seres que habitan el mundo.

EL DISCURSO CORRECTO

La forma en que hablamos puede pasar desapercibida y sus efectos no son inmediatos, pero nuestras palabras tienen una vibración que es capaz de estimular la amistad y la armonía en unos casos, por ejemplo, y transmitir bondad, amor y simpatía en otras circunstancias. Damos el tercer paso por el camino óctuple cuando practicamos la disciplina moral y ética y hablamos en los momentos necesarios, con honestidad, sabiduría, armonía y comprensión. Debemos evitar también la habladuría hipócrita que se basa en el chismorreo y en la crítica y seguir el dicho de «si no tienes nada bueno que decir, mejor que no digas nada» con rectitud.

LA ACCIÓN CORRECTA

Al actuar sin apego y sin necesidad del ego prestamos atención a lo que es correcto, ya que nuestros actos nacen de la compasión, la sabiduría, la quietud y la generosidad. Precisamente entonces es cuando dejamos de participar en aquello que contradice a la verdad y nos abstenemos de mentir, robar, hacer daño o abusar del sexo. Pero la compasión siempre se encuentra en estado activo, es decir, que depende de nosotros actuar de manera compasiva para vivir en paz y armonía. Depende de nosotros actuar o más bien privarnos de la acción, ya sea en los reinos que moran en el exterior o en los reinos que moran en nuestro interior.

EL SUSTENTO CORRECTO

El sustento correcto se refiere al trabajo moralmente justo, pacífico y honesto que no supone un peligro para la convivencia con otros seres sensibles. Es al reconocer nuestro cometido que nos alineamos con los propósitos que nos ayudan a expresarnos mejor y a ser maestros.

EL ESFUERZO CORRECTO

El sexto paso consiste en alejarnos de los pensamientos tóxicos para ser más sensatos. Cuando evitamos la frivolidad que malgasta nuestra energía entramos en un estado armónico, lleno de compasión, bondad y disciplina, el cual irá reflejándose poco a poco en cada acción.

LA CONCIENCIA PURA

El séptimo paso por el camino óctuple requiere tener la conciencia pura, es decir, requiere permanecer atentos, liberándonos del malestar de sentirnos separados del universo. Este paso debe aplicarse tanto a la conciencia de nuestro cuerpo físico como a la conciencia de nuestro estado anímico y mental, los cuales podemos percibir a través de la meditación para dominar los cuatro inconmensurables: la bondad, la compasión, la alegría y la igualdad.

La concentración correcta

El último paso que dar, consiste en concentrarnos utilizando las facultades mentales que nos conducen a la sabiduría y a la percepción correcta y que nos alejan del malestar vital.

El camino óctuple conlleva a dejar atrás la mente tóxica y las emociones destructivas. Continuar meditando y poniendo atención solo a lo que es verdaderamente significativo conduce a enriquecer la compasión y la bondad y, en definitiva, a alcanzar la iluminación. Igualmente, los ocho pasos que exige el camino óctuple están todos entrelazados, por lo que deben practicarse simultáneamente con el fin de que nuestro ser se colme de fortaleza. Conforme vamos atravesando el malestar y superando los obstáculos que este nos brinda, somos capaces de sentir con cada paso una mayor compasión por los que se quedan atrás.

Yo seguí las prácticas del camino óctuple durante muchos años, y he de decir que me ayudaron a conocer mi centro espiritual y a comprender cuáles eran mis sentidos internos. También me sirvieron para ser consciente de mis pensamientos, emociones y acciones.

CAPÍTULO 10

EL SILENCIO: MÁS ALLÁ DEL RUIDO MENTAL

E l silencio, tan necesario para alejarnos de los pensamientos y conseguir más lucidez, se ha vuelto difícil de encontrar en el mundo moderno. Sin embargo, gracias a diversas meditaciones podemos alcanzar esa paz interior que nos permite escuchar la voz de Dios incluso al impregnarnos de ruido: en el estado de «No Mente» logramos elevar la conciencia.

Desde tiempos inmemoriales se han creado diferentes técnicas para llegar al silencio; una de ellas, por ejemplo, consiste en sustituir un pensamiento negativo por otro positivo, consiguiendo de esta manera romper la relación ego/mente que nos anima a juzgarlo todo. Con el tiempo aprendemos a adoptar el papel de testigos y liberamos nuestros pensamientos de cualquier atención, interés o análisis tanto en nuestra vida diaria como en la meditación.

Pero el simple acto de admirar un cuadro o una fotografía que nos inspira también nos da paz y aleja nuestra mente del ruido que produce, de forma que elevamos la conciencia igual que lo haríamos con algunas técnicas de respiración. La conexión con la Fuente Divina se hace posible de muchas maneras distintas; algunas religiones, de hecho, han incorporado meditaciones o votos de silencio (en el caso de ciertas órdenes monásticas) para llegar a Dios. En nuestro corazón sabemos que es en el silencio donde reside su voz y, como dice Osho:

> El silencio suele entenderse como algo negativo, algo vacío, una ausencia de sonido, de ruidos. Este malentendido prevalece porque muy pocas personas han experimentado el silencio. Todo lo que han experimentado en nombre del silencio es el silencio. Pero el silencio es un fenómeno totalmente diferente. Es completamente positivo. Es existencial, no está vacío. Rebosa de una música que nunca has escuchado, de una fragancia que no te resulta familiar, de una luz que solo pueden ver los ojos internos.[5]

Osho admite que la verdad se encuentra en el vacío: «La verdad se alcanza en el silencio y se pierde en el habla».[6] Si Dios nos da dos oídos y solamente nos otorga una boca, ¿no querrá decirnos educadamente que deberíamos centrarnos en escuchar

---

[5] Osho, *Meditación: La primera y última libertad*, publicado originalmente en el año 1996.

[6] Osho, *El arte del éxtasis*, publicado originalmente en el año 2000.

más y hablar menos? Además, en la mayoría de los casos es cierto que aprendemos más escuchando que hablando. Meditar implica escuchar el silencio, o la voz interior: cuando meditamos, observamos nuestros pensamientos y los dejamos marcharse sin atribuirles ninguna emoción, y así es como encontramos la paz dentro de nosotros, al mismo tiempo que nos vamos conociendo (las academias esotéricas griegas asumían que esta era la técnica para acceder a la sabiduría). Asimismo, Manly P. Hall nos cuenta cómo concentrarnos, en uno de mis libros favoritos:

> La concentración no es esencialmente un proceso intelectual. Si bien la mente es el instrumento de concentración, los ejercicios fallan si se considera que están dirigidos hacia el control mental mediante el esfuerzo. La concentración involucra la actividad simultánea de cada parte de la conciencia: debe haber atención sin tensión. Debe haber sentimiento sin emoción; visualización sin fijación. Y todos deben estar unidos por un único propósito inclusivo que no incluye ninguna inferencia de limitación.[7]

Hall dice que el proceso de concentración acontece en varios planos de conciencia, por eso las emociones y pensamientos están conectados y los sentidos son idénticos al sentir: «No hay separación entre la flor y su belleza, el pájaro y su gracia ni el río

---

[7] Manly P. Hall, *Self-Unfoldment by Disciplines of Realization* [Autodesarrollo mediante disciplinas de formación]. (1942, reimpr., Los Angeles: Philosophical Research Society, 1977), 100.

y su canto», escribe Hall.[8] «La conciencia trae al sabio la Verdad justo lo que el sabio trae a la Verdad».[9] Hay un kōan que dice: «Le damos forma a la arcilla en la olla, pero es en el vacío interior donde se encuentra exactamente lo que queremos»; del mismo modo, cuando meditamos despejamos la mente de pensamientos para que la conciencia se llene de información valiosa. Al aquietar la mente y contemplar el silencio durante la meditación hallamos la paz interior y despertamos el oído interno para escuchar a los maestros espirituales y a la Fuente Divina. Helena P. Blavatsky también escribe algo parecido sobre la vasija de arcilla:

> Antes de que el alma pueda ver debe alcanzarse la Armonía interior, y los ojos carnales deben cegarse a toda ilusión. Antes de que el alma pueda oír la imagen (el hombre) tiene que volverse tan sorda a los rugidos como a los susurros, a los gritos de los elefantes que braman como al zumbido plateado de la luciérnaga dorada. Antes de que el alma pueda comprender y recordar, debe estar unida al Orador Silencioso, así como la forma a la que se modela la arcilla se une primero a la mente del alfarero. Porque entonces el alma oirá y recordará. Y hablará al oído interno LA VOZ DEL SILENCIO.[10]

---

[8] *Ibid.*

[9] *Ibid.*, 101.

[10] H. P. Blavatsky. *La voz del silencio*. Blavatsky Centenary Edition (1889; reimpr., Edmonton, Canada: Edmonton Theosophical Society, 1991), 2–3.

En la No Mente te conviertes en el observador y eres consciente de ser consciente; entonces, a través de la No Mente y la No Acción, el Espíritu te guía hacia la acción correcta. La meditación que utiliza la asociación Unity Worldwide Ministries es similar a la meditación de No Mente, y en *Meditación en el silencio* se describe el poder de la intuición:

> La intuición se asienta en la parte más sensible de nuestro sistema nervioso simpático, conocida como plexo solar; nuestras revelaciones espirituales fluyen a través de este sentido interno, que parece conectarse con nuestra conciencia en las partes más íntimas de nuestro ser. Por lo tanto, sumergirnos al interior tiene un doble significado: Dios es espíritu, y las cosas de Dios se disciernen espiritualmente: esa es la revelación buscada mientras nos sumergimos en el interior, porque es gracias a la naturaleza intuitiva del interior que esta revelación consigue alcanzar la conciencia. Por tanto, el silencio es solo un medio para alcanzar un fin. Uno debe ir constantemente más allá del punto de la mera quietud mental y permitir que los elementos del reino espiritual salgan a la conciencia.[11]

Normalmente pensamos en la no acción como lo opuesto

---

[11] Unity Worldwide Ministries, *Meditación en el silencio* (Kansas City, MO: Unity Books), 38–39.

a la acción, pero el I Ching, un antiguo manual chino de adivinación, presenta la no acción como acción sin conciencia:

> La acción precipitante se logra mediante la perseverancia: aferrándonos firmemente en nuestro interior a lo que es verdadero y correcto, pero sin tomar ninguna acción, nos dejamos llevar por lo Creativo más que por el razonamiento intelectual. Cuando un asunto cualquiera está en nuestras manos, terminamos interfiriendo con lo que es más beneficioso debido a la presión emocional que sentimos. Sin embargo, al mantenernos firmes, al no tomar ninguna acción impulsada por nuestra naturaleza inferior temerosa y jactanciosa, al aferrarnos a lo Creativo y a su acción, ayudamos a que se cumpla el resultado correcto. A través de la no acción, sin hacer nada en absoluto, lo logramos todo.[12]

Como el propio Manly P. Hall afirmó, la iluminación no es ninguna experiencia única que nos catapulte de un estado de ignorancia a un estado de sabiduría, sino que más bien sigue una serie de descubrimientos espirituales hacia la iluminación. Algunos momentos parecerán más radiantes que otros, pero elevar la conciencia sucede a lo largo de varias vidas, y, a

---

[12] Carol K. Anthony, *Una guía para el I Ching* (Stow, MA: Anthony Publishing Company, 1982), 1.

medida que el crecimiento espiritual progresa, así también va aumentando la luz interna:

> La iluminación siempre toma la forma de solución, resolviendo el problema más inminente para el Ser. El compositor con su sinfonía inacabada, el artista con su lienzo inacabado, el poeta con sus versos inacabados y el científico con sus experimentos inacabados: cada uno de ellos se enfrenta a un problema; cada uno ha llegado tan lejos como pudo sin ayuda. Habiendo agotado los recursos del conocimiento personal consciente, todos buscan una solución. Puede que sean necesarios días, meses o incluso años para completar la tarea inconclusa. Sin una revelación, solo una extensión mística de la conciencia puede hacer posible la finalización del trabajo.
>
> Entonces llega la luz. Cómo, nadie lo sabe; cuándo, nadie sabe; por qué, nadie lo sabe.[13]

Hay muchas formas diferentes de practicar el silencio mental. Experimenta y encuentra la que mejor te funcione y, sobre todo, encuentra una que te inspire a seguir practicando: es importante que el conocimiento y la sabiduría del plano invisible entre en la conciencia regularmente.

---

[13] Ibid., 188.

CAPÍTULO 11

LA CONCIENCIA ENTRE MORIR Y RENACER

Desde el principio de la civilización las personas se han cuestionado si con la muerte se termina todo, así que no nos extraña que culturas diversas hayan creado mitos donde reflexionan acerca de nuestro origen y partida tras la muerte. Sin embargo, la idea de que la conciencia continúa después de morir es más antigua que todos los escritos que conocemos. Al comunicarnos con nuestros ancestros y guías espirituales entendemos que sí que hay una conciencia que se extiende más allá de la muerte. Cuando me empecé a comunicar con mi padre ya fallecido, por ejemplo, vi que conservaba el intelecto y el comportamiento emocional con el que le conocí en vida, y entendí que estar en el cielo no era lo que yo creía.

Algunos cristianos, en cambio, perciben el más allá como un tiempo de espera a la segunda venida de Cristo durante el juicio final, cuando se piensa que regresará a la Tierra. La idea cristiana del cielo se parece al «mundo de la mente» que la teósofa Annie Besant describe en *El hombre y sus cuerpos*:

> Esta tercera región, que he llamado el mundo de la mente, incluye, aunque no es idéntica a la que es familiar para los teósofos bajo el nombre de Devachan o Devaloka, la tierra de los dioses, la tierra feliz o bendita, como algunos la traducen. Devachan lleva ese nombre debido a su naturaleza y condición, nada que interfiera con ese mundo que pueda causar dolor o tristeza; es un estado especialmente protegido, en el que no se permite la intrusión del mal positivo, el lugar de reposo dichoso del hombre en el que asimila pacíficamente los frutos de su vida física.[14]

Las enseñanzas teosóficas y orientales explican lo que sucede más allá de la muerte de manera ordenada, lógica y convincente, de hecho, la teosofía viene derivada en gran parte del hinduismo. Los hindúes han reflexionado muchísimo sobre la vida después de la muerte (nadie ha estudiado la psique tanto o durante tanto tiempo como lo han hecho los hindúes). Fue a finales del siglo XIX cuando se comenzaron a traducir al inglés textos del hinduismo que estaban escritos en sánscrito (algunas palabras sánscritas utilizadas aquí no se han traducido precisamente porque todavía no existen palabras equivalentes

---

[14] Annie Besant, *El hombre y sus cuerpos*, Manuales teosóficos, No. 7 (1896; reimpr., Londres: Theosophical Publishing House, 1971), 61.

en nuestro idioma). Para leer lo que viene a continuación es posible, por tanto, que necesites mirar el diagrama que aparece al final de este capítulo. En el diagrama observarás que hay siete planos conformados por siete subplanos, los cuales están ordenados según la frecuencia vibratoria: El nivel más bajo y más denso es el plano físico, es decir, los líquidos, los sólidos y los gases. Cuando morimos, el alma viaja del plano físico, al etéreo y sigue avanzando al plano causal.[15]

ENSEÑANZAS TEOSÓFICAS SOBRE LA MUERTE Y EL RENACIMIENTO

La teosofía dice que tenemos varios cuerpos (el físico, el etéreo, el astral y el mental) y que, al morir, nuestra alma abandona el cuerpo físico mientras retiene los cuerpos invisibles durante períodos de tiempo variables, conforme el alma se va moviendo de un plano a otro. Cuando salimos del plano físico el alma pasa al plano astral, después al plano mental y, seguidamente, al llegar al plano causal, empieza a prepararse para la próxima encarnación. Llegado ese momento, el alma adquiere sus envolturas (es decir, la etérica, astral y mental) que se habían dejado atrás durante la transición y que contienen los sucesos de vidas pasadas.

Como podremos observar, las enseñanzas teosóficas son bastante opuestas a las nociones cristianas del cielo y la tierra, y proporcionan una visión mucho más rica y precisa de lo que experimenta nuestra alma más allá de la muerte (la creencia en la reencarnación, adoptada por los primeros cristianos, se

---

[15] Cada autor llama a los siete planos de existencia de maneras distintas.

abandonó en gran medida a partir del siglo IV porque la iglesia católica romana determinó que esta postura no era válida y que no se promulgaría).

En los siguientes apartados se especifican los diferentes planos y sus características:

EL PLANO ETÉREO

Tras la muerte del cuerpo físico, la conciencia se concentra solo en el cuerpo etéreo. De acuerdo a Annie Besant, el «Linga Sharira» o el doble astral es la contraparte etérea del cuerpo físico del ser humano:

> Durante el proceso lento del fallecimiento, mientras el Linga Sharira se retira del cuerpo, se percibe un silencio y autocontrol extremos en la cámara de la Muerte, porque en este momento toda la vida pasa rápidamente frente al Ego, como han relatado aquellos que han presenciado este estado inconsciente. Este es el momento en que las imágenes mentales de la vida terrenal se agrupan y entrelazan como una imagen completa y quedan impresas completamente en la Luz Astral.[16]

---

[16] Annie Besant, *La muerte, ¿y después?* Manuales teosóficos, No. 3 (Londres: Theosophical Publishing Society, 1893), pp. 22-23. La luz astral, en este caso, se refiere al plano astral superior donde se conservan todas las cosas, incluidas las emociones, los sucesos del pasado y los del presente terrenal en el gran mapa del universo invisible.

En *El hombre y sus cuerpos*, Annie Besant afirma que, generalmente, nuestra alma se desprende del cuerpo etéreo a las setenta y dos horas:

> En el sueño, el Ego pensante se escapa de estos
> dos cuerpos, o más bien de un solo cuerpo con
> sus partes visibles e invisibles, dejándolos juntos;
> en la muerte se escapa por última vez, pero con
> esta diferencia, que extrae con él el doble etéreo,
> separándose de su contraparte densa y haciendo
> así imposible cualquier juego ulterior del aliento
> vital, en este último como un todo orgánico. El
> Ego se desprende rápidamente del doble etéreo,
> que como hemos visto, no puede pasar al plano
> astral, y lo deja desintegrarse con su compañero
> de toda la vida.[17]

Después de la liberación del cuerpo etéreo, el alma pasa al plano astral.

EL PLANO ASTRAL

La conciencia está procesándose en el plano astral hasta que los deseos y sentimientos acumulados en nuestra experiencia de vida se han difuminado (cuanto más trabajemos en procesar nuestras emociones en vida, menos tiempo pasaremos en el plano astral). La teosofía explica que la mayoría de las almas

---

[17] Besant, *El hombre y sus cuerpos*, 28.

se desprenden del cuerpo etéreo poco después de morir y que pasan directamente al plano astral medio o intermedio; no obstante, las almas que deben redimirse por sus malos actos terrenales entran al plano astral inferior (este nivel nos recuerda al purgatorio de la teología católica romana, donde las almas se purifican antes de ir al cielo). Las almas muy corrompidas, en cambio, van a un espacio de destrucción llamado Avitchi y solamente regresan a la vida en el próximo ciclo terrestre, el cual, nos cuenta A.P. Sinnett, acontece a los millones de años, retrasándose por tanto el desarrollo y crecimiento del alma.[18]

EL PLANO MENTAL

Cuando ya se ha liberado el cuerpo astral, el alma pasa al «plano mental», donde todos los pensamientos que generamos durante la vida terrenal se experimentan y procesan; por tanto, el conocimiento y la sabiduría acumulados se quedan en este plano. El tiempo aquí, además, es más largo y posiblemente dura cientos de años. El budismo esotérico lo explica:

> Lo que sobrevive en el plano mental no es meramente la mónada individual, que sobrevive a través de todos los cambios del esquema evolutivo completo y revolotea de cuerpo en cuerpo y de planeta en planeta. Lo que sobrevive es la personalidad autoconsciente del hombre.

---

[18] A. P. Sinnett, *Esoteric Buddhism* (Boston: Houghton, Mifflin, 1884), 129.

Esto quiere decir que el alma es mucho más grande que nuestra personalidad porque nuestra alma está siempre evolucionando para ser perfecta. Cuando alcanzamos la iluminación hasta el cuerpo se libera del alma y consigue un estado aún más elevado (llamado mónada) mientras que, en el plano divino, la conciencia habita con buddhi, el alma). En *El hombre y sus cuerpos*, Annie Besant describe cómo el alma abandona el plano mental para pasar al plano causal:

> Pero de este cuerpo mental también se retira el alma, cuando llega el momento, para continuar en el cuerpo que soporta la esencia de todo lo que ha reunido y asimilado. El alma deja el cuerpo mental atrás para desintegrarlo a la manera de sus vehículos más densos, porque la materia (por muy sutil que sea desde nuestro punto de vista) no es ya lo suficientemente sutil para pasar a los planos superiores del mundo manásico. Hay que dejarlo para que regrese a la materia de su propia región. Durante todo el camino el alma abandona un cuerpo tras otro, y solo al llegar a los planos más elevados del mundo manásico se puede decir que ha trascendido más allá de las regiones que domina la Muerte. Finalmente, el alma mora en el cuerpo causal, sobre el cual la Muerte no tiene poder y en el que se conserva todo. De ahí su nombre, ya

que en él residen todas las causas que afectan a futuras encarnaciones.[19]

La personalidad que adoptamos en esta vida no es la misma en las demás vidas, puesto que nuestro carácter se desvanece en el plano mental para gestarse otra personalidad. La nueva personalidad se elige de acuerdo a las lecciones de vida de la próxima encarnación.

EL PLANO CAUSAL

Cuando el alma sale del plano mental, la esencia del conocimiento y la sabiduría adquiridos en esta vida y en las vidas pasadas se traslada con el alma al plano causal porque todo lo aprendido también va con nosotros en la reencarnación. C. W. Leadbeater, uno de los primeros miembros de la sociedad teosófica, explica la razón por la que nos encarnamos en otro cuerpo físico en *El más allá de la muerte*:

Estás aquí con un propósito, un propósito que solo puede conseguirse en el plano físico. El alma debe pasar por muchos obstáculos que le resultan limitados para así poder encarnarse en la Tierra, por eso los esfuerzos que le llevan al alma no deberían despreciarse. El instinto de preservar nuestro yo se instaura divinamente en nuestro torso y es nuestro deber exprimir todo

---

[19] Besant, *Man and His Bodies*, 110.

lo que el plano físico puede ofrecernos según las circunstancias que nos han tocado. Estas lecciones se aprenden en el plano físico porque no pueden aprenderse en otro, y cuanto antes aprendamos, antes nos liberaremos de tener que regresar a esta vida inferior y limitada. Entonces, llegado este punto, el alma gozará de pasar del arduo trabajo a la fortaleza eterna.[20]

La vida, la muerte y el renacimiento se repiten, en resumidas cuentas, hasta que alcanzamos la iluminación y ya no necesitamos volver a encarnarnos.

EL PLANO BÚDICO

Al alcanzar la iluminación el alma va al «plano búdico», el estado de conciencia pura. Llegado a este punto de conciencia crística, el alma puede elegir seguir ascendiendo porque ya está preparada para el crecimiento continuo o encarnarse para ayudar al mundo doliente. Uno de los alumnos del maestro teosófico Gottfried de Purucker le preguntó entonces para qué querría el alma volver a sufrir y si quedarse solo con lo bonito

---

[20] Nuestro planeta ha ido a través un número de encarnaciones, igual que cada uno de nosotros pasa por diferentes encarnaciones. La Tierra pasó por los ciclos de Júpiter, Venus, y Volcán. En el período de Saturno, humanidad fue creada como una chispa de la esencia por Dios. Durante el período de Volcán la humanidad trascenderá al cuerpo del espíritu y pues será posible ver dentro del reino espiritual. Encontrará más información *en Cosmic Memory: Prehistory of Earth and Man*, por Rudolf Steiner.

sería egoísta y cobarde. Esto fue lo que Gottfried de Purucker respondió:

Tu pregunta es profunda. Has planteado en ella el problema que todo ser humano tendrá que resolver algún día. Has presentado a tu propia conciencia la elección que un día todos tendremos que hacer: ¿es este el camino que debemos seguir; el camino sagrado y hermoso de la paz y la felicidad, el camino de los Pratyeka-Budas, o, por otro lado, debemos elegir el camino sublime de la renuncia por el mundo, un camino de aflicción personal y, sin embargo, un camino con la luz de la eternidad brillando sobre él y con la recompensa de los dioses esperándonos después de largos eones? El Buda de la compasión es, en realidad, mucho más santo que los Pratyeka-Budas, porque el Buda de la compasión vive por y para el mundo; renuncia a todo lo que es propio del carácter egoísta y renuncia a sus metas espirituales para volver al camino que ya anduvo, de forma que pueda ayudar a los prójimos más atrasados. Pero el Buda de la compasión vive en la luz y en la gloria. Su vida interior es un faro divino.[21]

---

[21] C. W. Leadbeater, *The Life After Death* (1912; reimpr., Adyar, India: Theosophical Publishing House, 1998), 20-29.

Así como los Budas de la compasión eligieron regresar al mundo para ayudar a la humanidad, Krishna y Jesús aceptaron regresar de nuevo. Lo Divino siempre se vuelve a encarnar.

EL PLANO NIRVÁNICO

Al salir del plano búdico, el alma pasa al plano nirvánico, donde el aspecto humano está más elevado y en sintonía con la expresión del alma. La conciencia nirvánica pertenece a quienes han completado el ciclo de vida de la evolución humana y son llamados maestros. Aquello que se encuentra en los planos más allá del nirvánico (paranirvánico y mahaparanirvánico) está oculto por la inimaginable luz de Dios.

Con este resumen general vemos que la conciencia continúa a lo largo de los planos. A través de un proceso de reencarnación, el alma evoluciona hasta llegar a la perfección gracias a las enseñanzas que vamos acumulando en vida para conseguir alcanzar el Nirvana (pocos alcanzamos el nivel de santidad en una sola vida). La iluminación es el deber humano y un propósito alcanzable que nos da una razón de ser y por el que vale la pena esforzarse.

PLANES OF NATURE

7	MAHÂPARANIRVÂNIC	FIRST	TRIPLE MANIFESTATION ○ ○ ○
6	PARANIRVÂNIC		SECOND ○ ○
5	NIRVÂNIC	ATOMIC	THIRD ⊕
		SPIRIT	THREEFOLD SPIRIT in MAN ◉ ◉ ◉
4	BUDDHIC	ATOMIC	
		The Reincarnating Ego or Soul in Man	INTUITION ◉ ◉
3	MENTAL ARUPA RUPA	ATOMIC	INTELLIGENCE ◉ CAUSAL BODY MENTAL BODY
2	ASTRAL	ATOMIC	ASTRAL BODY
1	PHYSICAL	ATOMIC SUB-ATOMIC SUPER-ETHERIC ETHERIC GASEOUS LIQUID SOLID	ETHERIC DOUBLE DENSE BODY

El diagrama ha sido reimpreso con el permiso de: *El hombre visible e invisible* de C. W. Leadbeater, 1942, Los planos de la existencia, Ilustración II, entre las páginas 26 y 27. Esta imagen ha sido reproducida con el permiso de Quest Books, el sello de The Theosophical Publishing House (*www.questbooks.net*).

Nota: Para obtener más información sobre los distintos planos, consulta los siguientes libros de A. E. Powell:

El doble etérico: fenómenos relacionados con el mismo (1925)

El cuerpo astral (1925)

El cuerpo mental (1927)

El cuerpo causal y el Ego (1928)

CAPÍTULO 12

CONCLUSIÓN:
¿Y AHORA QUÉ?

Este libro es una recopilación de prácticas espirituales y anécdotas personales del que deseo que hayas encontrado la información que necesitas para adentrarte en la espiritualidad. Si bien todos estamos sumidos en un viaje hacia la iluminación, cada quien despertará y buscará la sabiduría a través de la meditación en un momento u otro, en una vida u otra. Especialmente importante es escuchar esa voz que reside dentro de nosotros y confiar en ella para que los mensajes que nos brinda la conciencia elevada inspiren el crecimiento espiritual; verás que en el apéndice he incluido listas de libros recomendados para este propósito, y también puedes consultar la bibliografía con información sobre las obras citadas en este libro.

Te sugiero que, si quieres ir más allá del intelecto y conectarte con la energía divina, empieces por crear un espacio de meditación en tu casa con el arte que te inspire y por llenar las estanterías de libros de crecimiento personal y/o espiritual para estar siempre en sintonía. Busca a Dios en la naturaleza y sal a caminar por el campo, el parque o la playa; has de saber que el agua es sanadora y estar cerca de ella limpia el espíritu y fortalece nuestra conciencia.

Es posible que a lo largo de tu viaje espiritual sufras alguna noche oscura del alma; recuerda que estos son síntomas de los cambios que están sucediéndose dentro y fuera de ti y que no tienes que resistirte a ellos: al despojarte de lo trivial permanecerá tu unión con Dios. Tampoco vivas con miedo a la muerte, pues la conciencia continúa más allá del fallecimiento. Más bien, conoce a tus maestros y guías espirituales y comunícate con ellos cuando puedas; el amor permanece en nuestro interior y es ahí donde se abre la puerta a todas las respuestas. Confía en ese amor, en las enseñanzas y en la protección que te aporta la Fuente Divina.

Agradece la vida que se te ha dado. Aprecia tu esencia divina. Tolera otras creencias. Vive tu vida como si un propósito trascendental quemara dentro ti y acude a tus prójimos; ayúdalos también para así ayudar a cambiar el mundo. Aunque el viaje espiritual es solitario, has de saber que «los llamados han de ser muchos y los escogidos, pocos». Busca tu mentor, pues, entre los mayores sabios espirituales que compartan su sabiduría y sírvete de ella. Algún día, si tú quieres, podrás compartir todo lo que has aprendido con quienes te rodean. Al final todos somos maestros; siempre hay alguien mirándote y escuchándote. Enséñales.

El amor incondicional comienza por amarnos y perdonarnos a nosotros mismos. Únicamente cuando por fin nos concedemos este derecho es que tenemos las capacidades para amar y perdonar a nuestros prójimos, y solamente entonces es que afrontamos la vida.

MANTRA

Estoy colmado de luz.
Camino sobre la luz.
Hago el trabajo de la luz.
Yo soy la luz.

LISTAS DE LECTURAS RECOMENDADAS PARA EL DESARROLLO ESPIRITUAL

Puede que leer las historias de quienes han estado en el reino espiritual ayude a desmitificar su misterio, a saber que son vivencias normales y que no deben dar miedo. Comenzar por leer a los místicos Emanuel Swedenborg y Helena Blavatsky, que comparten sus experiencias psíquicas, es una buena forma de introducirse en este tipo de lectura. También es posible que te interesen los espíritus de la naturaleza y quieras echarle un vistazo a *El Reino de los Dioses* de Geoffrey Hodson, un libro publicado en el año 1972.

Las listas de lectura que se muestran a continuación aparecen por orden de dificultad:

LISTA DE LECTURA FUNDAMENTAL PARA EMPEZAR EL ESTUDIO ESPIRITUAL

Benner, J.S. (1941). *La vida impersonal.*

Fox, E. (1932). *El sermón de la montaña.*

Gibran, K. (1923). *El profeta.*

Watson, L.E. (1951). *Light from Many Lamps* [La luz de muchas lámparas].

Hall, M.P. (1942). *Self-Unfoldment by Disciplines of Realization* [Autodesarrollo mediante disciplinas de formación].

Chopra, D. (1995). *El sendero del mago.*

Fox, E. (1953). *The Ten Commandments* [Los diez mandamientos].

Benner, J. (1988). *The Way to the Kingdom* [El camino hacia el reino].

Neal, C. (2000). *Revelation: The Road to Overcoming* [Revelación: El viaje a la superación].

Trine, R.W. (1908). *En sintonía con el infinito.*

LISTA DE LECTURA DE NIVEL INTERMEDIO I PARA EL ESTUDIO ESPIRITUAL

P. Hall, M. (1993). *Cristo místico*.

P. Hall, M. (1987). *Old Testament Wisdom* [La sabiduría del antiguo testamento].

Gawain, S. (1986). *Vivir en la luz*.

Murphy, J. (1963). *El poder de la mente subconsciente*.

Fillmore, C. (1995). *Los doce poderes del hombre*.

P. Hall, M. (1963). *Palabras de los sabios*.

Meadows, K. (1997) *The Medicine Way* [La ruta de la medicina].

Zukav, G. (1989). *El lugar del alma*.

Scott Peck, M. (1978). *El camino menos transitado*.

Neville (1952). *El poder de la consciencia*.

Johnson, R.A. (1989). *Ella: Para entender la psicología femenina*.

Johnson, R.A. (1977). *Él: Para entender la psicología masculina*.

Schwartz, D. (1979). *La magia de pensar en grande*.

LISTA DE LECTURA DE NIVEL INTERMEDIO II PARA EL ESTUDIO ESPIRITUAL

Bynner, W. (1986). *The Way of Life According to Lao Tzu* [Cómo vivir según Lao Tzu].

Troward, T. (1909). *La ciencia mental.*

P. Hall, M. (1947). *Pathways of Philosophy* [Los caminos de la filosofía].

P. Hall, M. (1975). *El ave Fénix.*

Walker, B. (1988). *Diccionario de símbolos de la mujer.*

P. Hall, M. (1978). *Centros espirituales.*

P. Hall, M. (1965). *Los doce maestros mundiales.*

Haanel, C.F. (1919). *El mapa del maestro.*

Holmes, E. (1938). *La ciencia de la mente.*

Wong, E. (1990). *Los siete maestros taoístas.*

Hanh, T.N. (1993). *Un silencio atronador.*

LISTA DE LECTURA DE NIVEL INTERMEDIO III PARA EL ESTUDIO ESPIRITUAL

Hall, M.P. (1975). *Las enseñanzas secretas de todos los tiempos.*

Harner, M. (1980). *La senda del chamán.*

Nachmanovitch, S. (1990). *Juego libre: Improvisación en la vida y el arte.*

Thibodeau, R. (1978). *Practicando la sabiduría hermética.*

Krishnamurti, J.A. (1927). *A los pies del maestro.*

Scholem, G. (1949). *Zohar: El libro del esplendor.*

Aguilar, G. (2003). *The Women of Israel* [Las mujeres de Israel].

Balyoz, H. (1986). *Tres mujeres admirables.*

Three Initiates (1940). *El kibalión: Estudio sobre la filosofía hermética.*

LISTA DE LECTURA AVANZADA PARA EL ESTUDIO ESPIRITUAL

Higgins, G. (1836). *Anacalypsis: Un intento de apartar el velo, Volumen 1 y 2.*

Achad, F. (1963). *Los principios de la verdad de Melquisedec.*

Steiner, R. (1968). *Life between Death and Rebirth* [La vida entre morir y renacer].

Steiner, R. (1986). *Cómo se alcanza el conocimiento de los mundos superiores.*

Steiner, R. (1972). *La ciencia oculta en sus líneas generales.*

Achad, F. (1976). *La blanca hermandad mística antigua.*

Larson, C.D. (1971). *Tus fuerzas y cómo usarlas.*

Bailey, A. (1950). *El alma y su mecanismo.*

Bailey, A. (1973). *Tratado sobre fuego cósmico.*

Atkinson, W.W. (1949). *La doctrina secreta de los Rosacruces.*

Pike, A. (1966). *Moral y dogma.*

Hall, M.P. (1965). *Questions and Answers* [Preguntas y respuestas].

Heindel, M. (1973). *The Rosicrucian Cosmo-Conception or Mystic Christianity* [La cosmo-concepción de los Rosacruces o el cristianismo místico].

Blavatsky, H.P. (1888). *La doctrina secreta, Volumen 1 y 2.*

Blavatsky, H.P. (1888). *Isis sin velo, Volumen 1 y 2.*

GLOSARIO

Alma	Esencia divina o inmaterial, principio animador y causa activa. El alma conserva el conocimiento y la experiencia.
Alma / Plano causal	Este plano trasciende el plano mental y es donde se preparan a las almas para su próxima encarnación. Aquí se conserva la sabiduría, las buenas vivencias y los éxitos de las vidas anteriores.
Aparición	Fantasma o imagen fantasmal de una persona.
Atman	Palabra sánscrita que significa yo divino o conciencia pura.
Avitchi	El nivel más bajo del infierno.
Clariaudiencia	Percibir con el oído interno lo inaudible para los oídos físicos.
Clarisensibilidad	Habilidad para sentir las emociones de los seres vivos y espíritus.
Clariviaje	Habilidad para anticiparse a acontecimientos futuros.
Clarividencia	Habilidad intuitiva para saber algo con certeza.

Déjà vu	Sensación de haber vivido algo sin evidencias físicas.
Doble astral	La contraparte o sombra del espíritu de un ser vivo.
Dukkha	Sufrimiento, tristeza, dolor, imperfección, temporalidad.
Entidad Desencarnada	Una persona fallecida o un espíritu con un cuerpo físico sutil que no suele ser visto físicamente.
Emergencia espiritual	Una crisis psicoespiritual descrita por la psicoterapeuta Christina Grof y el psiquiatra Stanislov Grof.
Esotérico	Saberes oscuros asimilados por una minoría.
ESP	La percepción extrasensorial o el sexto sentido incluye información no atribuida a los sentidos físicos reconocidos sino a la mente.
Espíritu	Referido en este libro al reino que normalmente no se puede ver ni reconocer con nuestros sentidos físicos.
Espíritus de la naturaleza	Espíritus del reino elemental que habitan la naturaleza y ayudan a mantener y a curar la Tierra. Normalmente llamados «hadas».
Estados vibracionales	La creación manifestada a partir de energía divina. Los cuerpos sutiles (etéreos, astrales y mentales) son menos densos que el cuerpo físico y vibran a frecuencias más altas. Podemos elevar nuestra vibración mediante un nivel más alto de conciencia.

Huevo Áurico	Envoltura áurica invisible que rodea a una persona en estado físico. Perdura de vida en vida y preserva las causas y efectos kármicos generados por los individuos durante sus encarnaciones anteriores.
Intuición	Habilidad para recopilar conocimiento sin prueba, evidencia o razonamiento consciente.
Linga Sharira	El doble invisible del cuerpo humano que contiene cada una de las funciones vitales y que mantiene, en fin, el cuerpo vivo. También conocido como cuerpo etéreo, doppelgänger o cuerpo bioplásmico.
Mónada	Se refiere a Âtma (espíritu eterno puro) y Buddhi (alma). Sirve como vehículo para la luz divina y el resplandor del atma.
Neoteosofía	Sistema de ideas teosóficas expuestas por Annie Besant y Charles W. Leadbeater tras el fallecimiento de Helena Blavatsky.
Nirvana	Estado trascendente donde uno se libera de todo deseo y sufrimiento, concluyendo así el ciclo del nacimiento, muerte y karma.
Noche oscura del alma	Crisis vital humillante.
Paranormal	Percepción sobrenatural sin explicación científica.
Psicometría	Percepción extrasensorial que recibe información de un objeto.
Plano astral	Uno de los siete planos de existencia donde la conciencia trasciende a las esferas superiores. Es considerado un espacio donde digerir y liberar todas nuestras emociones y deseos cultivados en la Tierra.

Plano átmico	Espacio donde se experimenta la libertad y la alegría.
Plano búdico	El Buddhi (es decir, alma) más allá del plano causal de la existencia. Quienes están siempre en el plano búdico se consideran maestros.
Plano Mental / Devachan	El plano mental al que van las almas tras trascender al plano astral.
Prana	Fuerza vital, energía vital, principio vital.
Psique	Palabra griega que alude al alma, la mente y el espíritu humanos.
Reinos espirituales	Los reinos invisibles donde residen entidades desencarnadas, extraterrestres, ángeles y demás seres. Todas las visiones y mensajes que recibimos vienen de este tipo de reinos invisibles.
Reino sutil	Reino que nos rodea. Es físico, pero tan sutil que no se percibe.
Registros akáshicos	Conjunto de acontecimientos humanos (pasados, presentes y futuros), incluidos los pensamientos, emociones e intenciones.
Sánscrito	Idioma litúrgico principal del hinduismo. Lengua índica antigua propia de la escritura hindú y de las lenguas del norte de la India.
Sensible	Cualquier ser vivo que percibe y responde a los sentidos.
Sincronicidad	Eventos simultáneos significativamente relacionados pero que no tienen una conexión causal discernible.
No mente	Estado zen sin pensamiento ni emoción.

Tarot	Cartas ilustradas usadas para la adivinación desde el siglo XVIII.
Telepatía	Transmitir información de una persona a otra sin interacción física ni sin utilizar ninguno de nuestros canales sensoriales conocidos.
Teósofo	Visión mística de la naturaleza. Miembros de la Sociedad Teosófica.
Unidad	Conciencia que unifica el universo atemporal como creación divina.

BIBLIOGRAFIA

Anthony, C.K. (1982). *Una guía para el I Ching*. Stow, MA: Anthony Publishing Company.

Besant, A. (1893). *¿Muerte y después? Manuales teosóficos*, No. 3 Londres: Sociedad Editorial Teosófica.

(1971). *El hombre y sus cuerpos. Manuales teosóficos*, No. 7.1896. Reimpresión, Adyar, India: Theosophical Publishing House.

Blavatsky, H.P. (1991). *La voz del silencio*. Blavatsky Centenary Edition. Edmonton, Canadá: Edmonton Theosophical Society.

Eliade, M. (1964). *Chamanismo: técnicas arcaicas del éxtasis*. Princeton, Nueva Jersey: Princeton University Press.

Hall, M.P. (1972). *El gran símbolo de los misterios*. Reimpresión, Los Ángeles: Philosophical Research Society.

(1977). *Autodesarrollo por las disciplinas de la realización*. Reimpresión, Los Ángeles: Philosophical Research Society.

Hay, L. (1988). *Sana tu cuerpo: las causas mentales de las enfermedades físicas y la forma metafísica de superarlas*. Santa Mónica, CA: Hay House.

Cruz, Juan de la. (1905). *La noche oscura del alma*. Londres: John M. Watkins.

Knoche, G.F. (1999). *Las escuelas de misterios*. Reimpresión, Pasadena, CA: Theosophical University Press.

Leadbeater, C.W. (1998). *La vida después de la muerte*. Reimpresión, Adyar, India: The Theosophical Publishing House.

Meadows, K. (2004). *Espíritu chamánico*. Santa Fe, Nuevo México: Bear & Company.

Osho. (1996). *Meditación: la primera y última libertad*. Nueva York: St. Martin's Press.

(2000). *La canción del éxtasis: charlas sobre Bhaj Govindam de Adi Shankara*. Pune, India: Rebel Publishing House.

(1948). *Los diálogos de G. de Purucker: Registro de sesiones, volumen 3*. Katherine Tingley Memorial Group. Pasadena, CA: Theosophical University Press.

Saraydarian, T. (2000). *Obsesión y posesión*. AZ: Fundación de Publicaciones TSG.

Sinnett, A. P. (1884). *Budismo esotérico*. Boston: Houghton, Mifflin and Company.

Steiner, R. (1959). *Memoria Cósmica: Prehistoria de la Tierra y el Hombre*. Englewood, Nueva Jersey: Publicaciones de Rudolf Steiner.

Ministerios Unity Worldwide: meditación en silencio. Kansas City, MO: Libros de la unidad.

VOCABULARIO SUGERIDO

Religiones abrahámicas

No dualidad   Experiencias extrasensoriales

Kundalini   Telepatía

Déjà vu

Empático   Clarisentencia

Noche oscura del alma   Aura

Huevo áurico   Neoteosofía

Clariaudiencia   Clarividencia

Aparición   Registros akáshicos

Magia negra   Chamánico

Chamán   Chamanismo

Tarot   Reptilianos

Guías espirituales

No Mente   Atman

Aureola

Avitchi   Chacra

Clarividente   Dharma

Ser desencarnado

Esotérico

Doble astral

Plano astral

Plano casual

Plano nirvánico

Abuso espiritual

Mónada

Paranormal

Pratyekabuddha

Psicometría

Sensible

Espíritu

Sutil

Telepatía

Estados vibracionales

Dukkha

Hierofante

Plano átmico

Plano etérico

Plano mental

Plano búdico

Emergencia espiritual

Linga Sharira

Espíritus de la naturaleza

Prana

Psique

Sánscrito

Alma

Reino espiritual

Sincronicidad

Teósofo

Numinoso

Nirvana